für Bo und Josef

Lea Klein   Carla Mayerhofer

minimach

Nadel, Säge, Tatendrang – das DIY-Babysachenbuch

Haupt
GESTALTEN

Inhalt

minus neun bis null Monate

null bis sechs Monate

sechs bis zwölf Monate

und das Buch, ...

... das wir gern gehabt hätten, als wir beide schwanger waren.

... mit dem man lauter nützliche und richtig schöne Babysachen nähen, schreinern, stricken und basteln kann.

... das zusätzlich praktische Koch- und Kosmetikrezepte bietet.

... das zeigt, wie es geht, aber viel Freiraum lässt für eigene Gestaltungsideen.

... das sich an den Zeiträumen werdender und frischgebackener Familien orientiert.

... das auch Väter, Großeltern und Freunde motiviert, Schönes und Praktisches für den Neuankömmling zu fertigen.

... das es damals noch nicht gab und das wir deshalb selber schreiben mussten.

Hier ist es nun, und wir wünschen allen viel Freude beim Minimachen!

Lea und Carla

minus **neun null** bis Monate

Schwangerschaft ist toll.
Alles wird anders, so viel
ist neu. Die Vorfreude
gipfelt im unbezähmbaren
Nestbautrieb. Hier neun
Projekte, die die verbleibende
Zeit nutzen, um wichtige
Ausstattungsteile für das Baby
vorzubereiten, und auch, um
der werdenden Mama die
Schwangerschaft zu versüßen.

Tagebuch

Ein sehr persönliches, wunderschönes Notizheft für die Schwangerschaft. Und Stillzeit. Und Kindergartenzeit. Und Schulzeit. Material findet sich genug. Verschiedenste Papierbögen sammeln und immer wieder neue Heftchen binden.

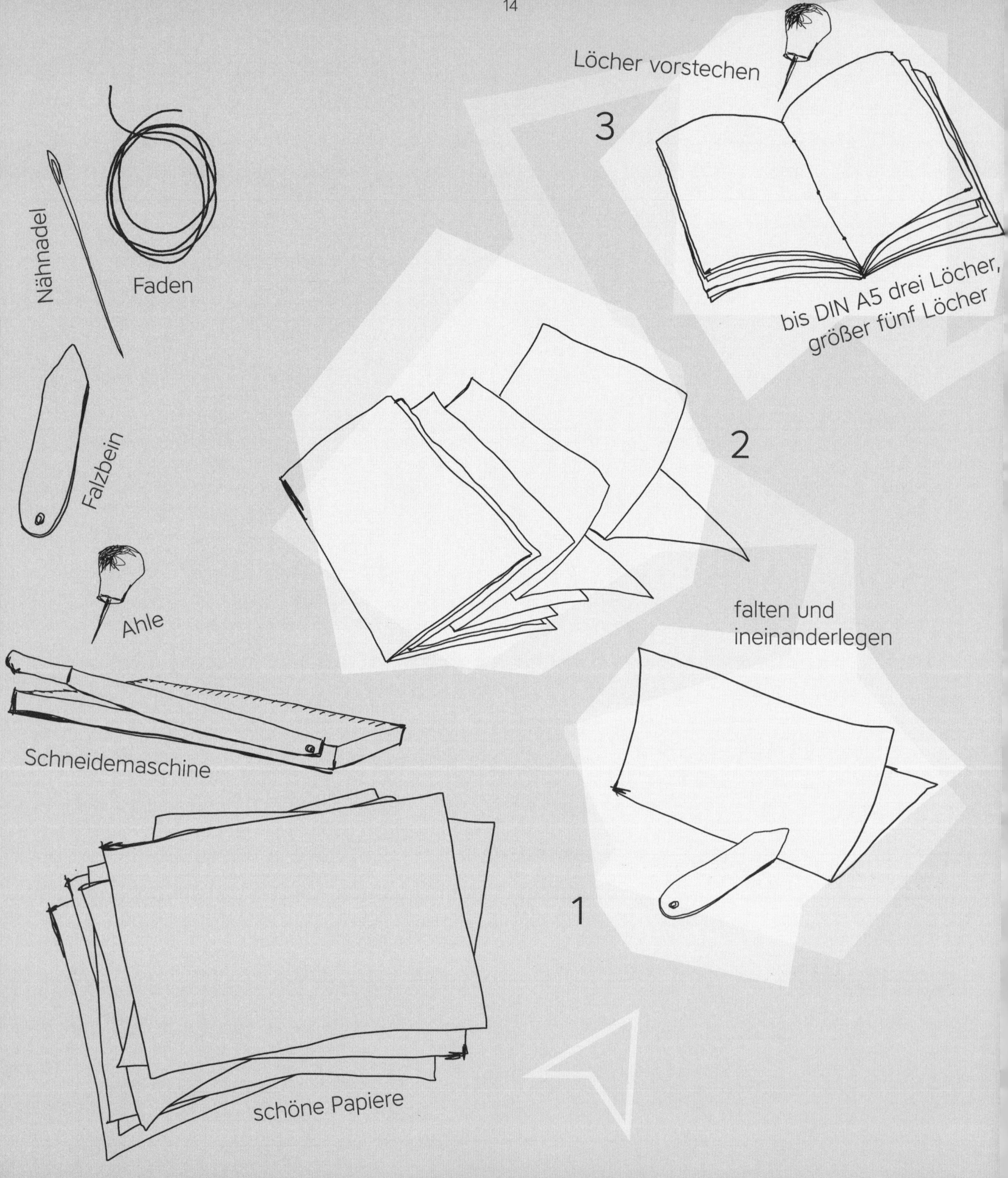

Nähnadel

Faden

Falzbein

Ahle

Schneidemaschine

schöne Papiere

1

falten und
ineinanderlegen

2

Löcher vorstechen

3

bis DIN A5 drei Löcher,
größer fünf Löcher

4

Faden durch die
Löcher ziehen

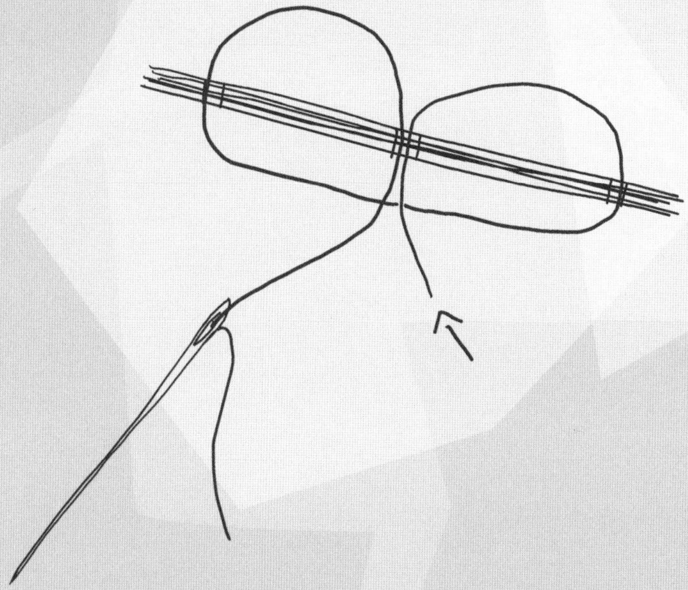

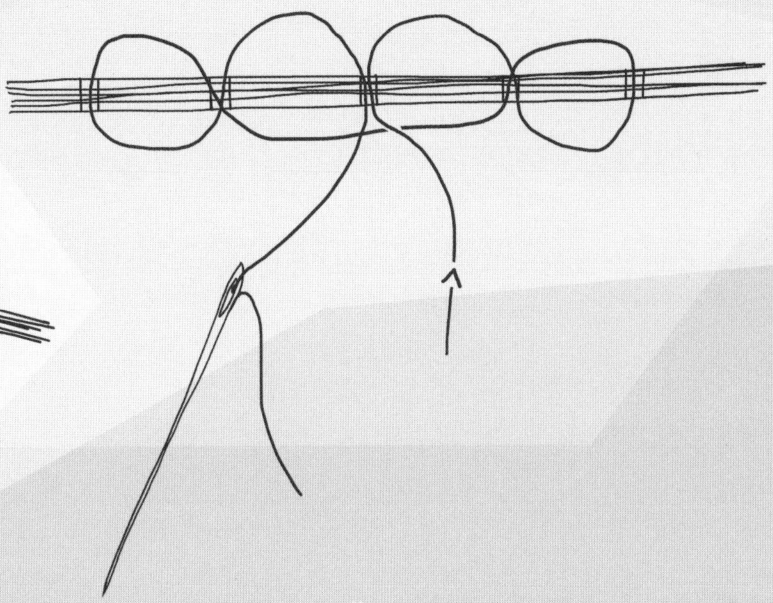

Rückenfaden
einknoten

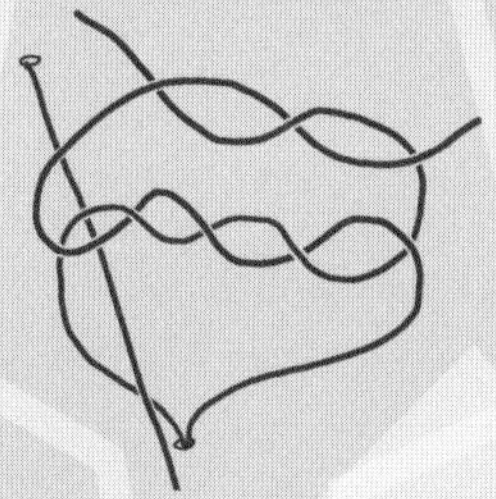

5

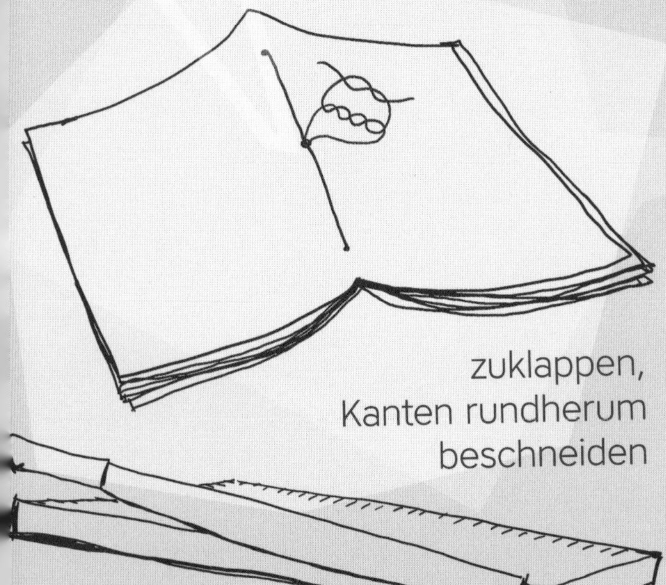

6

zuklappen,
Kanten rundherum
beschneiden

fertig!

Blitztipp Unterhaltungsprogramm
Postkarten an den seitlichen Wänden zum Schauen
und Liedzettel an der Wand zum Vorsingen.

Wickelplatz

Für die Waschmaschine oder anderswo. Mit Schublade oder ohne. Mit seitlichen Körbchen für Salben, Waschlappen und Vitamin D. Mit Platten aus dem Baumarkt ohne großes Equipment selbst geschreinert.

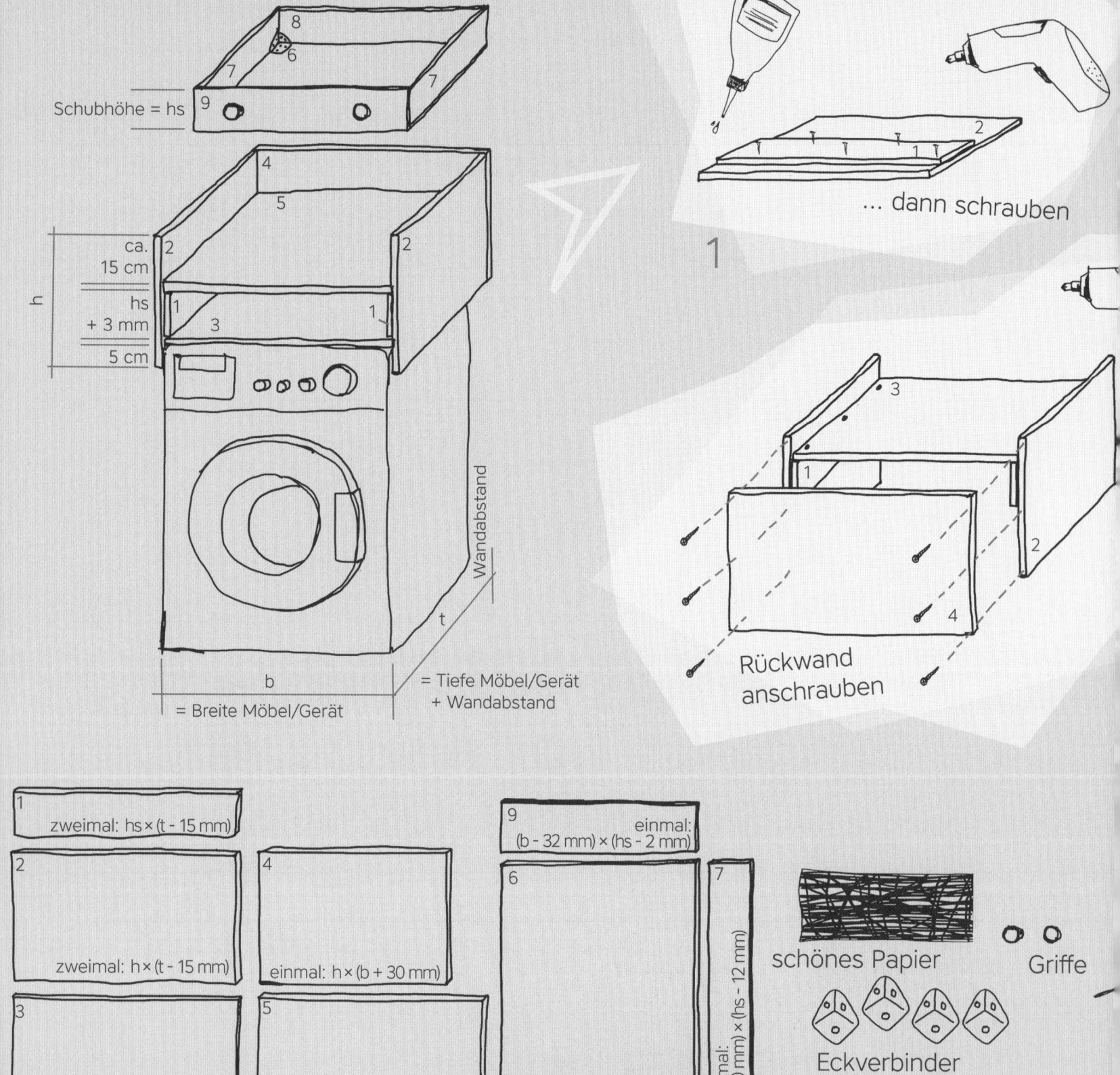

Teile 1 auf Teile 2 leimen ...

... dann schrauben

1

Rückwand anschrauben

Schubhöhe = hs

ca. 15 cm

h

hs + 3 mm

5 cm

Wandabstand

t

b

= Tiefe Möbel/Gerät + Wandabstand

= Breite Möbel/Gerät

1 zweimal: hs × (t - 15 mm)

2 zweimal: h × (t - 15 mm)

4 einmal: h × (b + 30 mm)

3 einmal: b × (t - 15 mm)

5 einmal: b × (t - 15 mm)

Wickelaufsatz: Sperrholz, 15 mm

9 einmal: (b - 32 mm) × (hs - 2 mm)

6 einmal: (b - 32 mm) × (t - 20 mm)

7 zweimal: (t - 30 mm) × (hs - 12 mm)

8 einmal: (b - 52 mm) × (hs - 12 mm)

Schublade: Sperrholz, 10 mm

schönes Papier

Griffe

Eckverbinder

Akkuschrauber

Hakenleiste

2

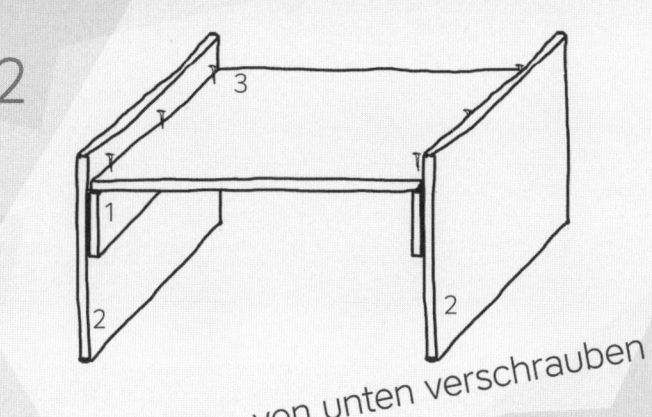

Boden von unten verschrauben

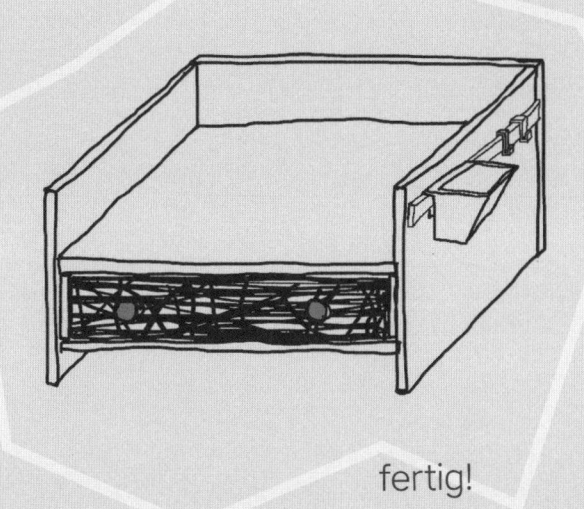

fertig!

3

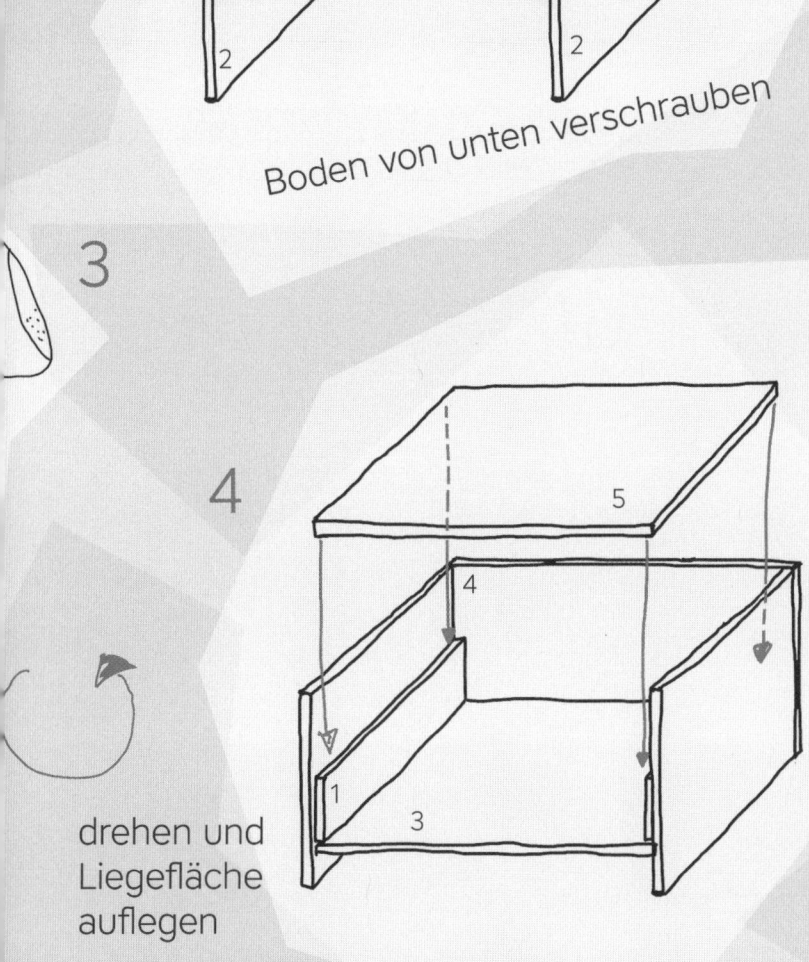

4

drehen und
Liegefläche
auflegen

Front mit Papier bekleben ...

... Grifflöcher
bohren ...

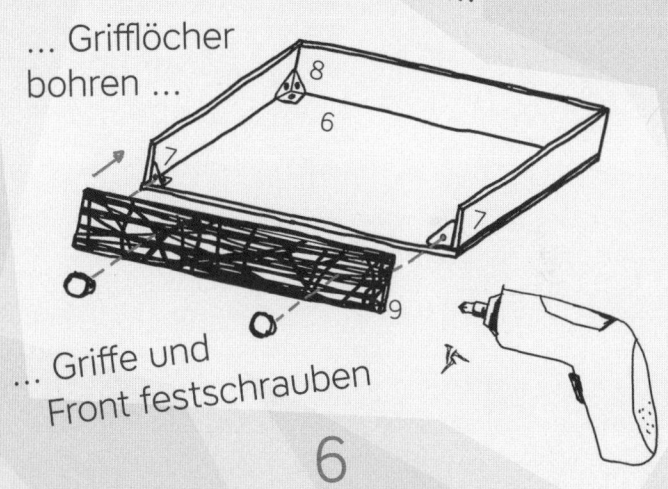

... Griffe und
Front festschrauben

6

Eckverbinder auf Boden,
dann Seiten und Rückwand an
Eckverbinder schrauben

5

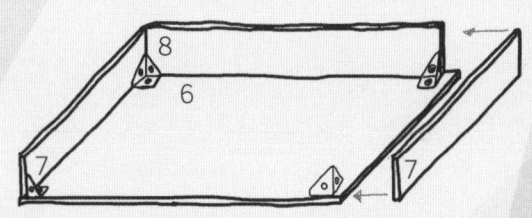

Schere

Holzleim

Schrauben

Bohrmaschine

Pinsel +
Farbe

Messwerkzeug

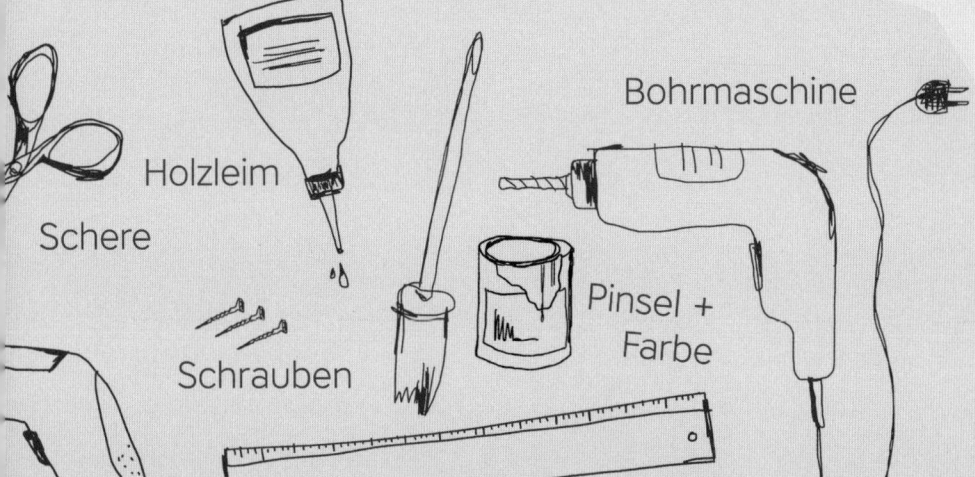

Papierreliefs für traumhaft schöne Geburtskarten.
Einzigartig, zauberhaft, poetisch. Genau wie die Freude
über das neue Menschlein. Und voller Vorfreude schon
während der Schwangerschaft vorzubereiten!

Papiergruß

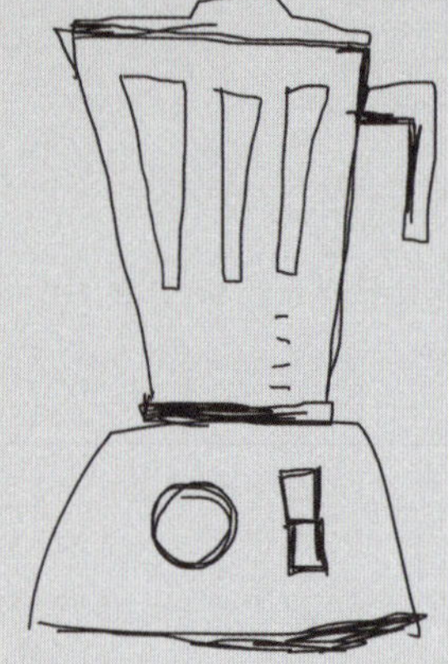

Mixer

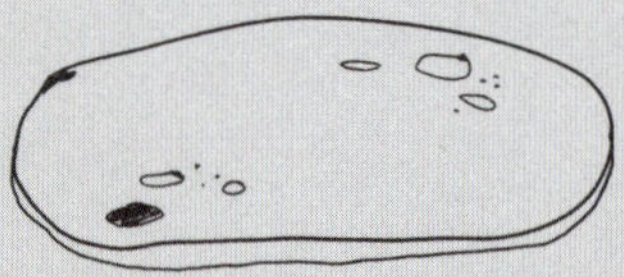

Schwämme

Papier

Springerlemodel

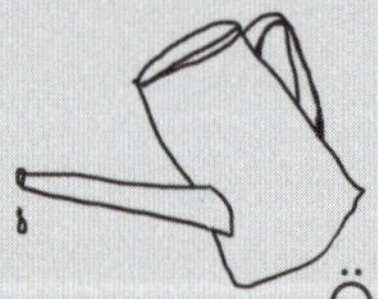

Öl

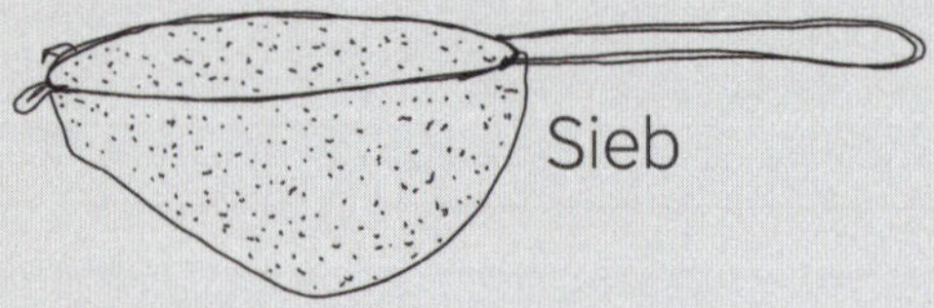

Sieb

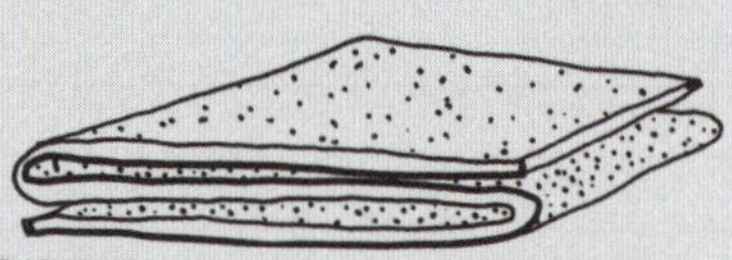

Lappen

Joghurteimer

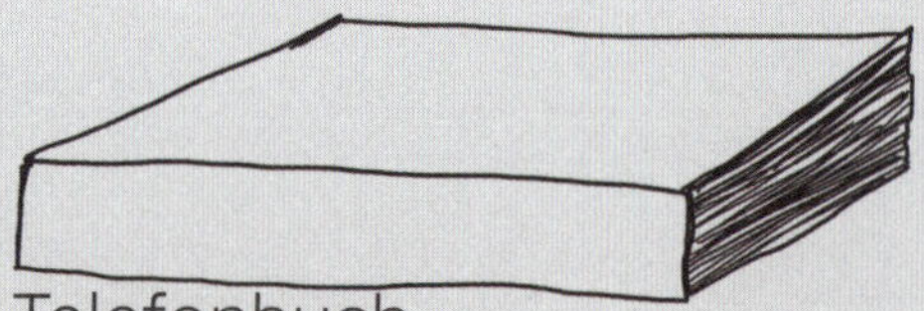

Telefonbuch

Papier reißen,
in viel Wasser
einweichen,
fein mixen

1

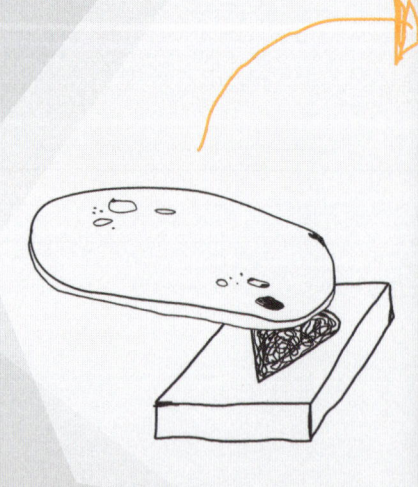

Wasser entziehen

Papierbrei abtropfen lassen

2

3

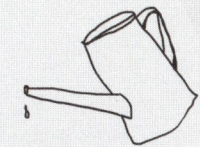

Model leicht ölen

4

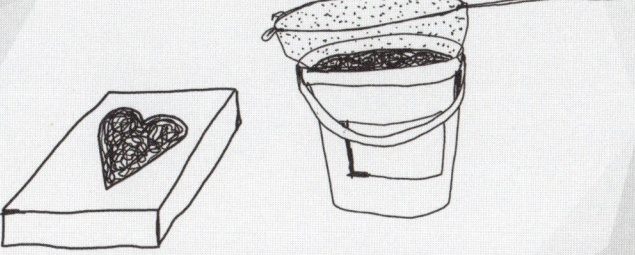

Papierbrei einfüllen,
festdrücken

5

zum Trocknen
beschweren

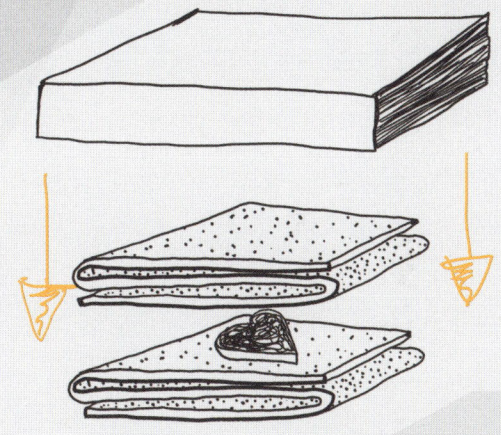

7

nach ein paar Tagen ...

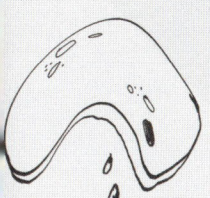

6

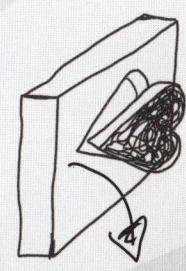

vorsichtig
herauslösen

fertig!

Korbwiege

Sanft geschaukelt werden und dabei noch gut aussehen. Ein raffiniertes Upcyclingprojekt für Babys Träume. Einfach, günstig, schnell und ziemlich schick.

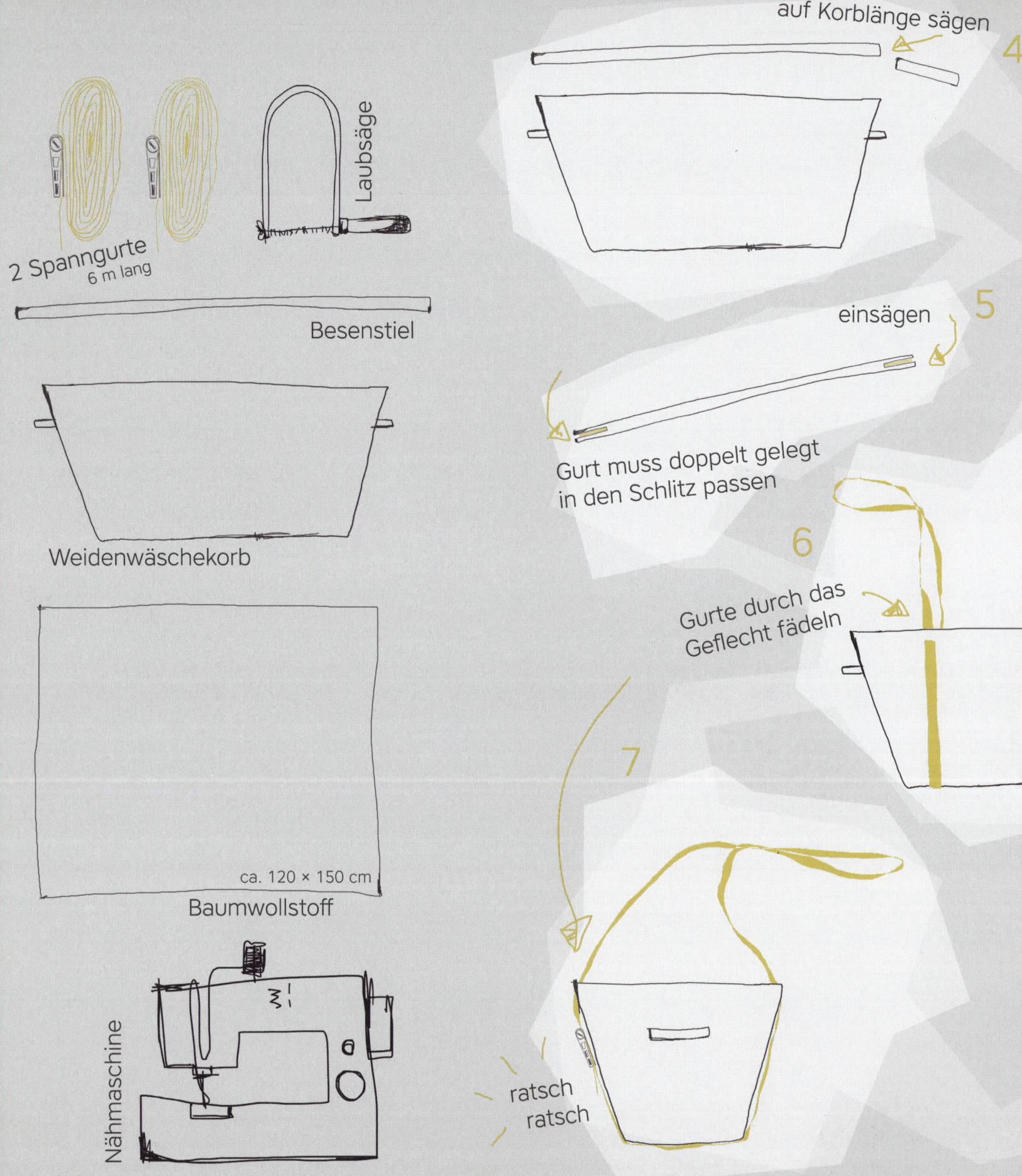

2 Spanngurte
6 m lang

Laubsäge

Besenstiel

Weidenwäschekorb

ca. 120 × 150 cm

Baumwollstoff

Nähmaschine

auf Korblänge sägen

4

einsägen

5

Gurt muss doppelt gelegt
in den Schlitz passen

6

Gurte durch das
Geflecht fädeln

7

ratsch
ratsch

3 wenden und Tunnel für Besenstiel nähen

5 cm

Achtung Öffnung

5 cm

1 umbügeln, absteppen

lange Seite

2 rechts auf rechts

mittig falten und oben zunähen

zweiten Gurt einfädeln

Gurt durch Stoff ziehen, ...

Besenstiel in Tunnel ...

8

... und Gurtschlaufe in den gesägten Schlitz stecken

fertig!

Weißes Spucktuch
+
Farbe
=
schickes Accessoire

Stillkissen
+
Webband
=
Kuschelnest

Handtuchrolle
+
Stoffquadrat
=
Lagerungskissen

Strampelsack

Welche Temperatur ist die richtige? Ein Baby braucht es warm, darf aber nicht überhitzen. Als Mittelding zwischen Schlafsack und dicker Kleidung ist ein Strampelsack die perfekte Lösung für dieses knifflige Problem.

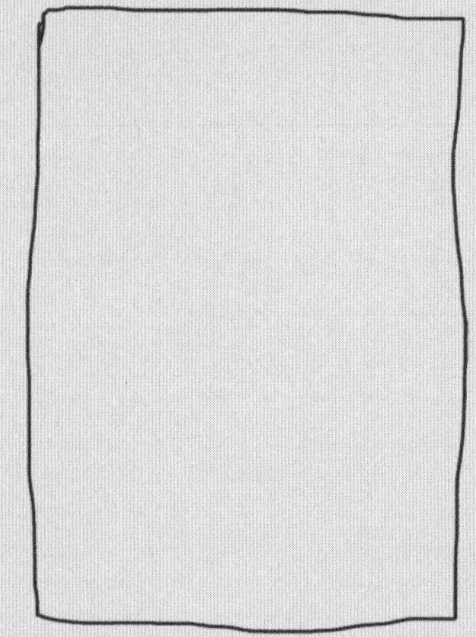

Papier, 30 × 50 cm

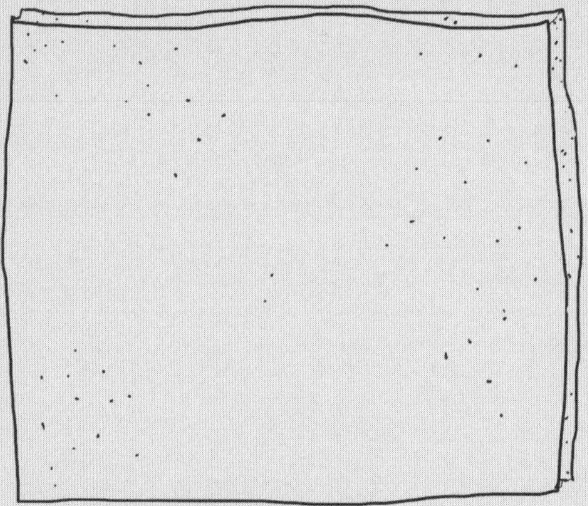

Füllvlies, 60 × 50 cm

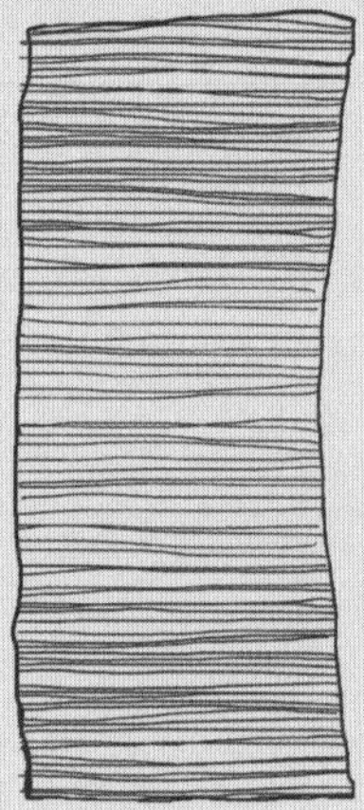

Bündchen, 20 × 40 cm

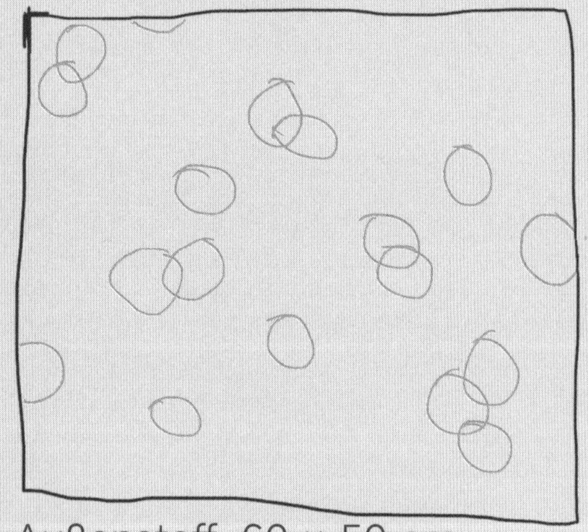

Außenstoff, 60 × 50 cm

Futterstoff, 60 × 50 cm

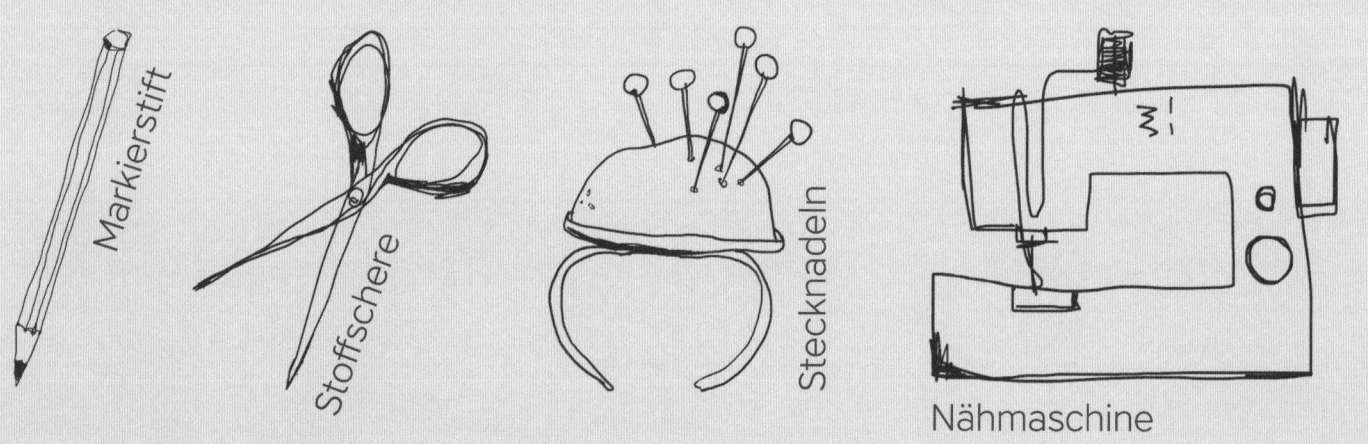

Markierstift

Stoffschere

Stecknadeln

Nähmaschine

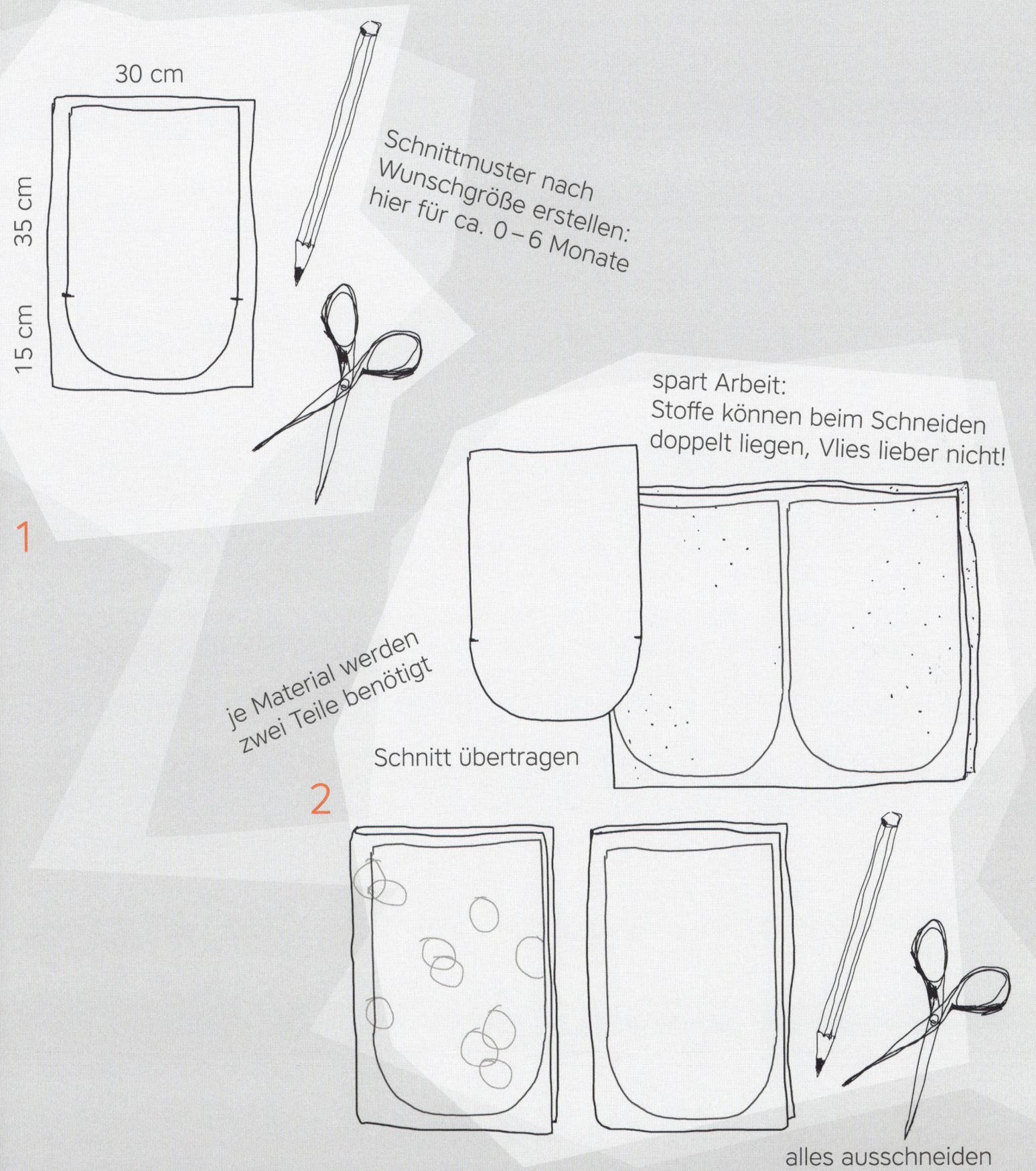

30 cm

35 cm

15 cm

Schnittmuster nach
Wunschgröße erstellen:
hier für ca. 0 – 6 Monate

1

spart Arbeit:
Stoffe können beim Schneiden
doppelt liegen, Vlies lieber nicht!

je Material werden
zwei Teile benötigt

Schnitt übertragen

2

alles ausschneiden

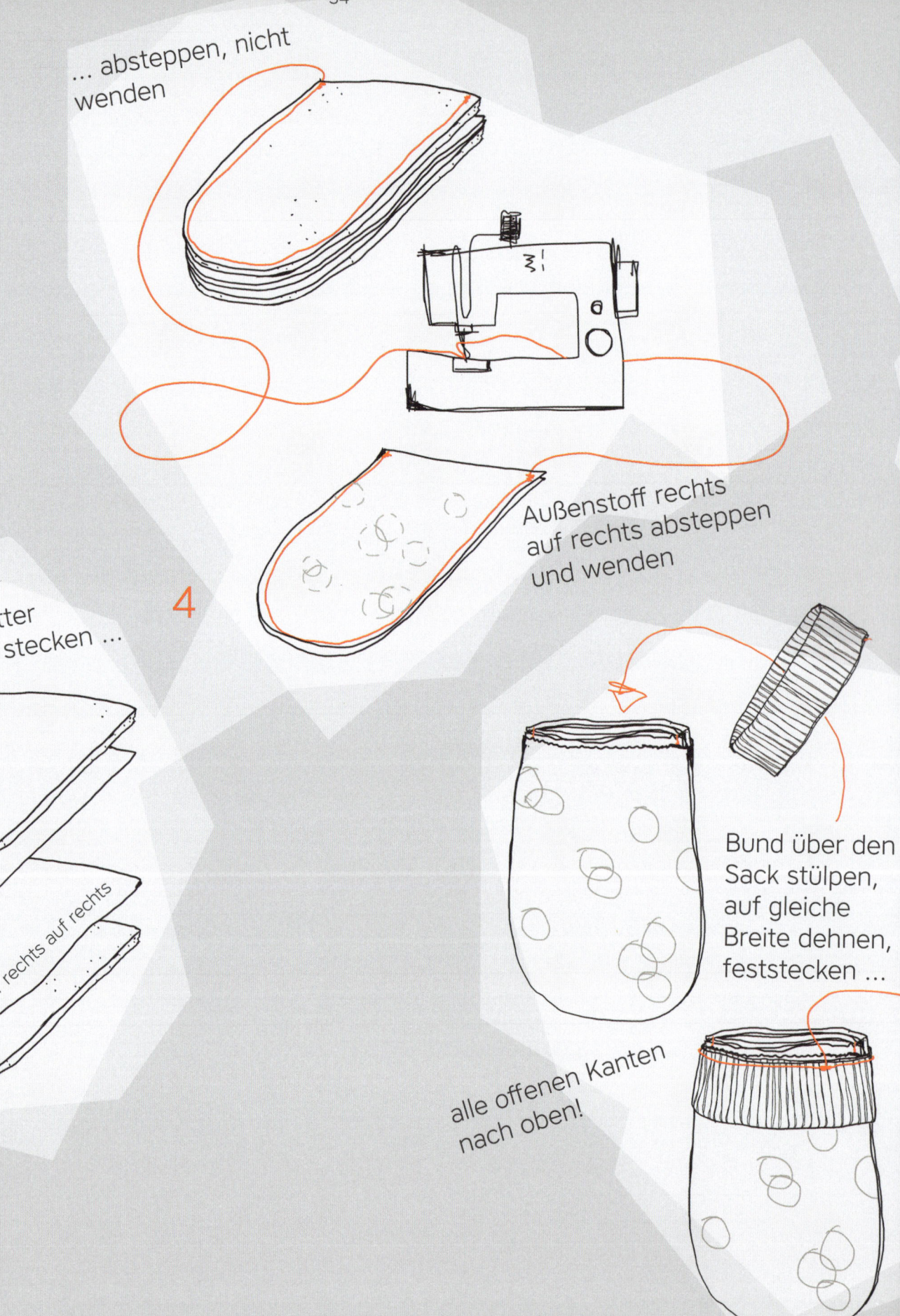

... absteppen, nicht wenden

Außenstoff rechts auf rechts absteppen und wenden

Vlies und Futter aufeinander stecken ...

Futter rechts auf rechts

4

3

Bund über den Sack stülpen, auf gleiche Breite dehnen, feststecken ...

alle offenen Kanten nach oben!

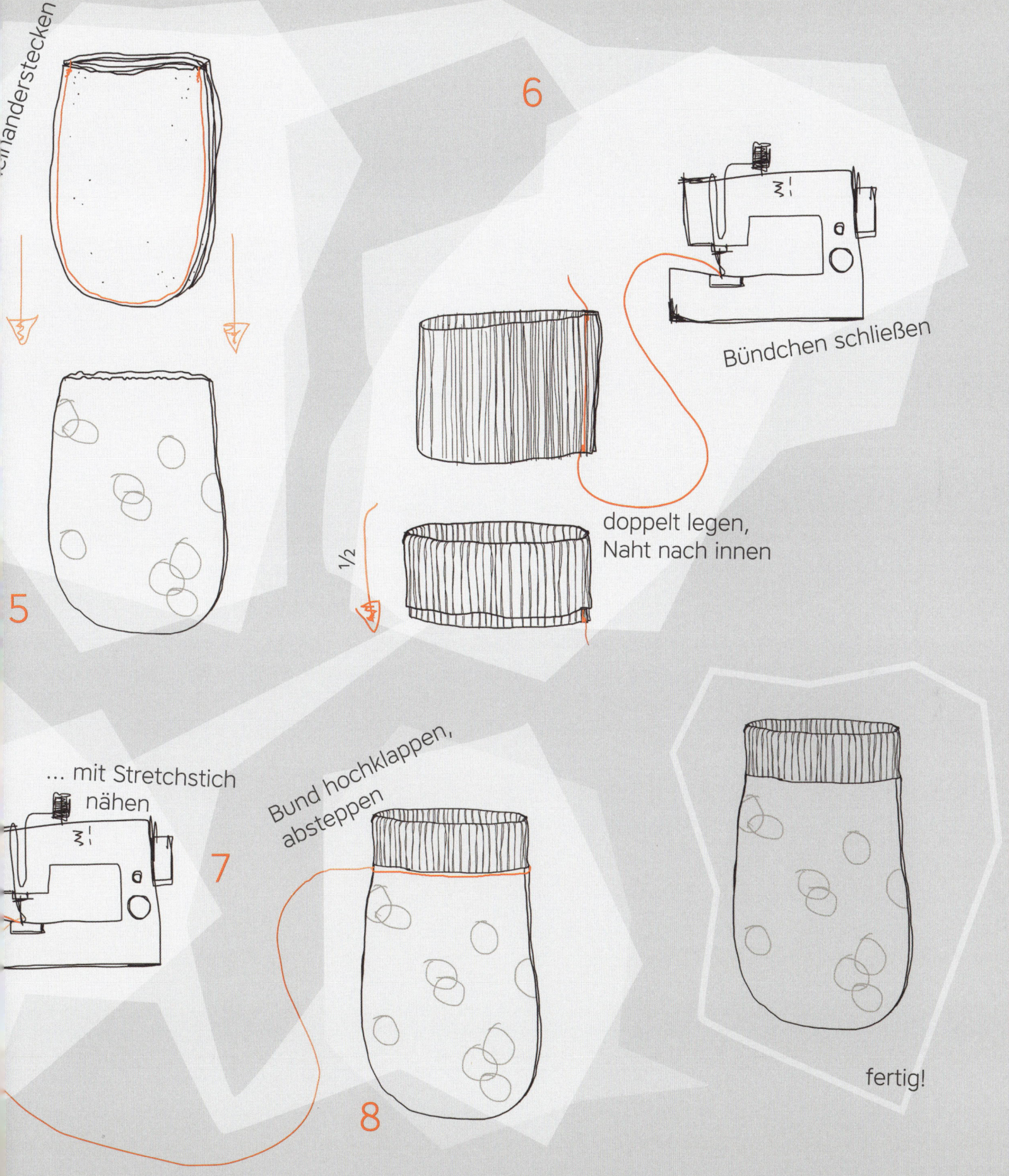

...anderstecken

5

6

Bündchen schließen

doppelt legen,
Naht nach innen

½

... mit Stretchstich
nähen

7

Bund hochklappen,
absteppen

8

fertig!

Stempelideen

Hellblau und rosa, der Einheitslook fürs erste Jahr? Da fällt uns doch etwas mehr ein. Statt alberner Sprüche sorgen hier unerwartete Stempelideen – von der Apfelsine bis zur Zündholzschachtel – für Abwechslung in Babys Garderobe.

Blitztipp Umfärben
Hässliche Bodys in der Waschmaschine schön färben.

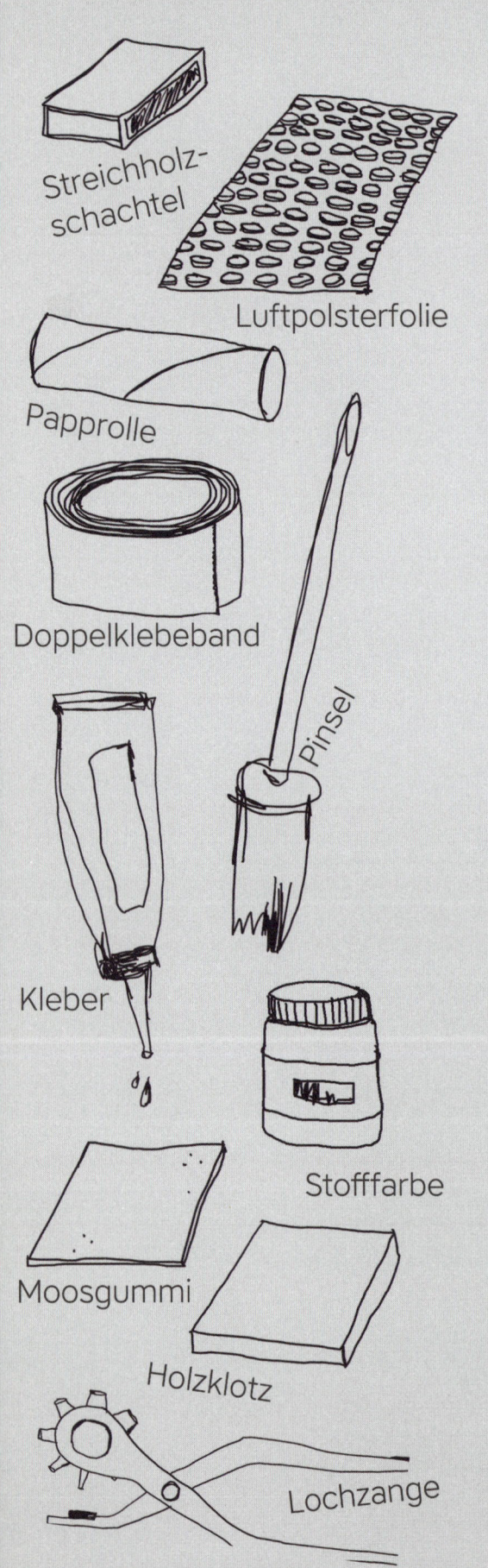

Streichholz-
schachtel

Luftpolsterfolie

Papprolle

Doppelklebeband

Pinsel

Kleber

Stofffarbe

Moosgummi

Holzklotz

Lochzange

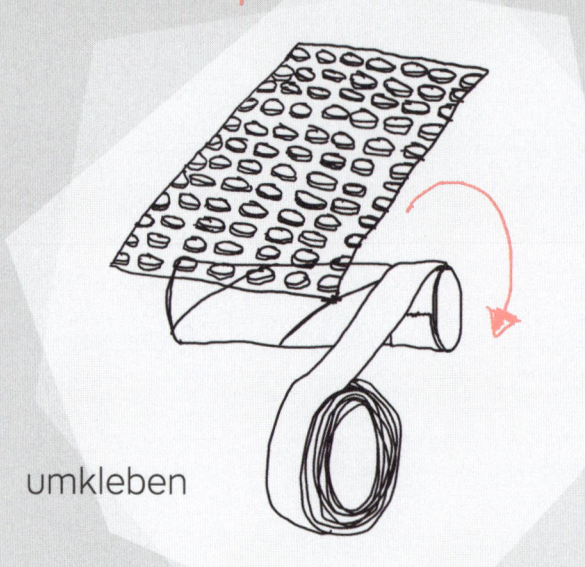

1

umkleben

2

separieren   1

3

lochen und
aufkleben

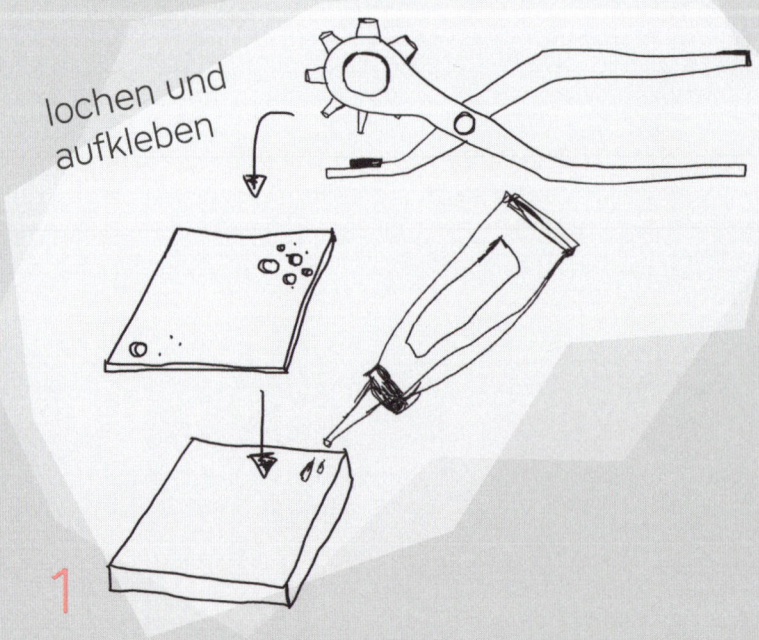

1

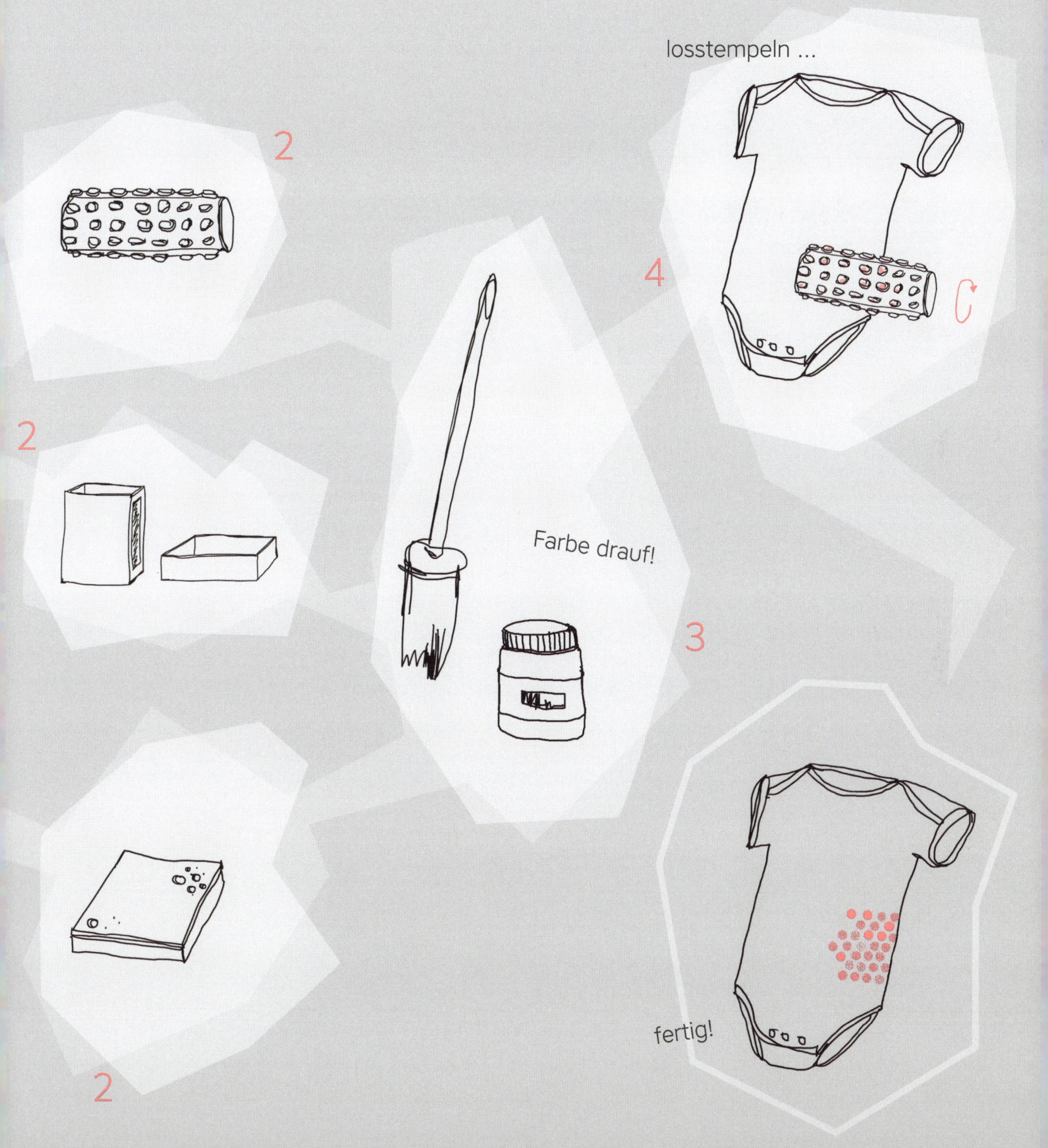

losstempeln ...

2

2

4

Farbe drauf!

3

2

fertig!

Korken

Klopapierrolle

Wärmflasche

Zitronenhälfte

Juteband

Filz- und Gummigleiter

Duplostein

Moosgummi

Teppich-
unterlage

Topfkratzer

Duplostein

noch mehr
Stempelideen

Spülschwamm

Schnur um Holzstück

Schubladenmatte

Reispapiertrenner

Moosgummi

Juteband

Mutterpasshülle

Nichts Unentbehrliches. Aber manchmal darf es auch einfach schön sein. Eine Mutterpasshülle mit praktischer Lasche für Ultraschallbilder.

Blitztipp Untersuchungsheft
Auf gleiche Weise kann man eine tolle U-Heft-Hülle nähen.

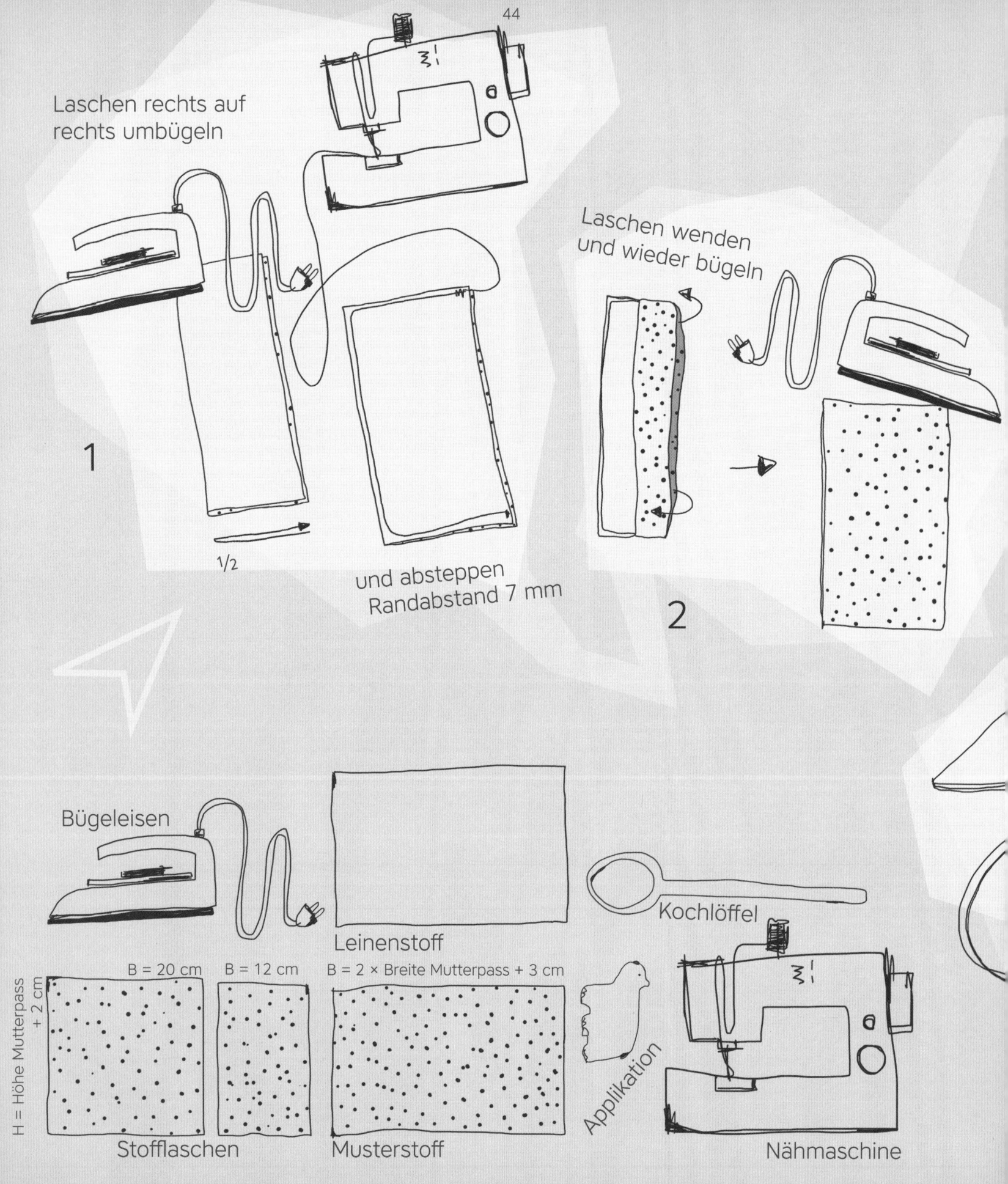

Laschen rechts auf rechts umbügeln

1

½

und absteppen
Randabstand 7 mm

Laschen wenden
und wieder bügeln

2

Bügeleisen

Leinenstoff

Kochlöffel

H = Höhe Mutterpass + 2 cm

B = 20 cm

B = 12 cm

B = 2 × Breite Mutterpass + 3 cm

Stofflaschen

Musterstoff

Applikation

Nähmaschine

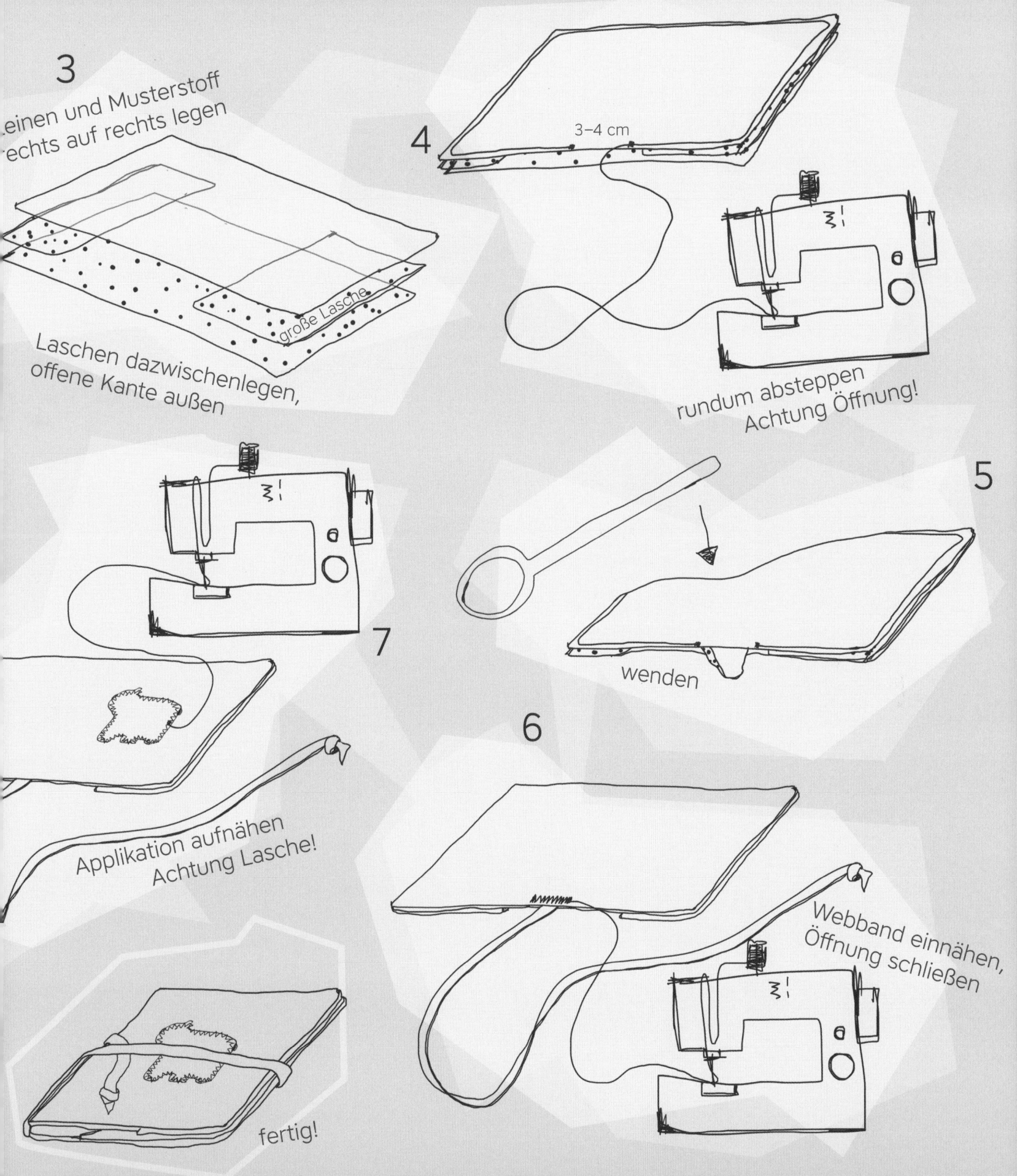

3

Leinen und Musterstoff
rechts auf rechts legen

große Lasche

Laschen dazwischenlegen,
offene Kante außen

4

3–4 cm

rundum absteppen
Achtung Öffnung!

5

wenden

7

Applikation aufnähen
Achtung Lasche!

fertig!

6

Webband einnähen,
Öffnung schließen

Beistellbett

Sechsmal stillen oder mehr, da tut es gut, wenn man dabei wenigstens nachts liegen bleiben kann. So ein Bettchen ist eine gute Erfindung, und dieses hier ist auch noch schön.

Blitztipp Umnutzen
Später wird das Bett, ohne Matratze, zum Kindersekretär.

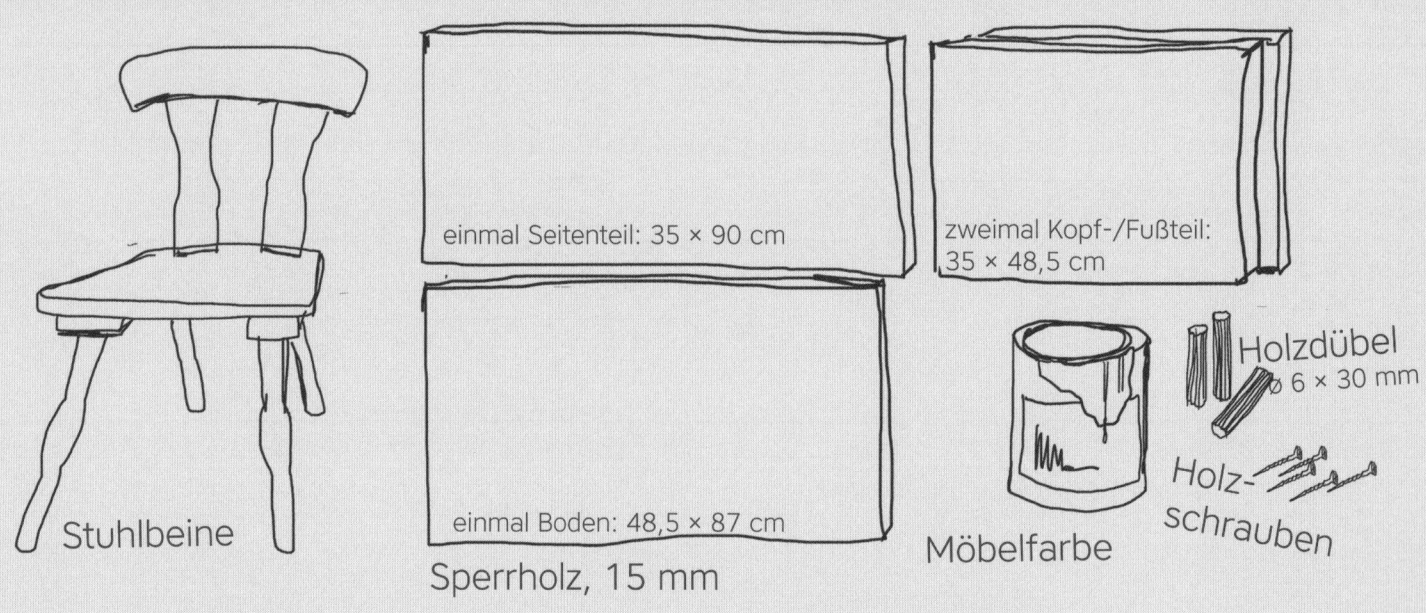

Stuhlbeine

einmal Seitenteil: 35 × 90 cm

zweimal Kopf-/Fußteil: 35 × 48,5 cm

Holzdübel ⌀ 6 × 30 mm

einmal Boden: 48,5 × 87 cm

Sperrholz, 15 mm

Möbelfarbe

Holz-schrauben

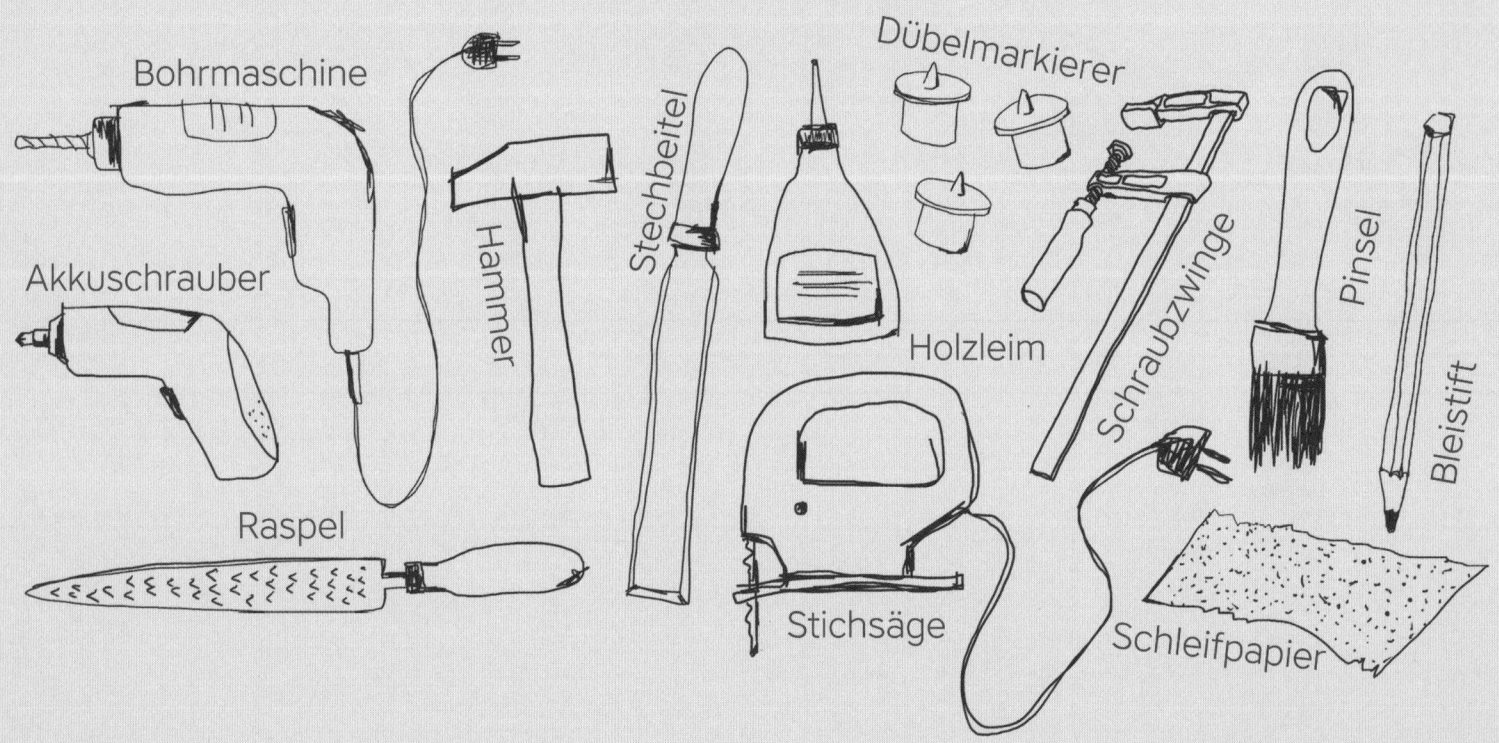

Bohrmaschine

Akkuschrauber

Raspel

Hammer

Stechbeitel

Holzleim

Dübelmarkierer

Schraubzwinge

Pinsel

Bleistift

Stichsäge

Schleifpapier

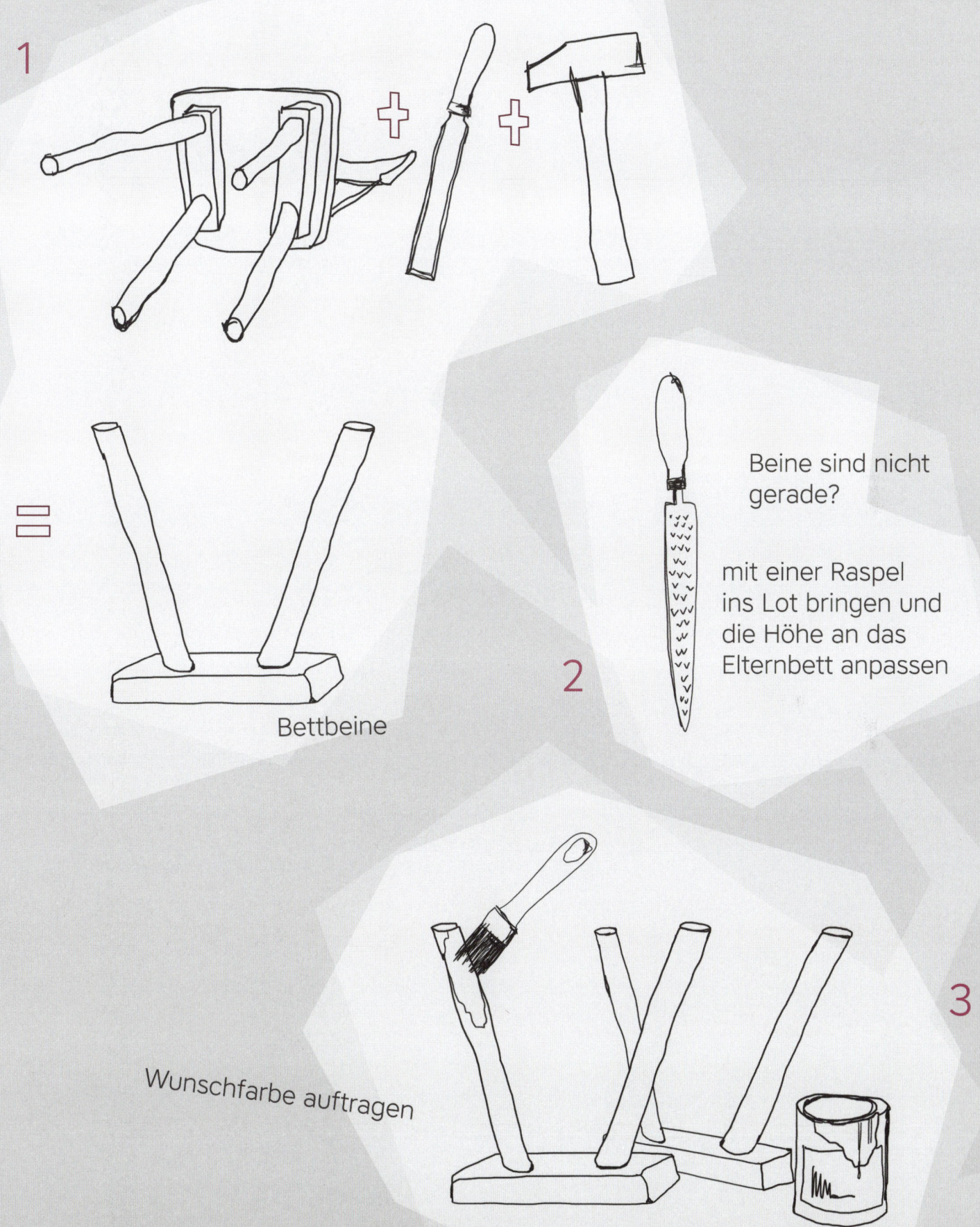

1

Bettbeine

2

Beine sind nicht gerade?

mit einer Raspel ins Lot bringen und die Höhe an das Elternbett anpassen

3

Wunschfarbe auftragen

Tipp: für saubere Sägeschnitte Kreppband auf Konturen kleben und mitsägen

Ausschnitte anzeichnen

sägen

Tipp: zum Ansetzen der Stichsäge zuerst in jeden Ausschnitt ein Loch bohren

4

Beine anschrauben

9

fertig!

5

in Stirnseiten ⅔
der Dübellänge +
4 mm Hohlraum
für Leim bohren
= 24 mm

Tipp:
Bohrtiefe mit
Kreppband markieren

24 mm

6

mit Dübelmarkierern
anzeichnen erspart
Zeit und Frust

7

die markierten
Löcher bohren:
⅓ Dübellänge =
10 mm

10 mm

zuerst Dübel und
Stoßflächen einleimen …

zuerst Leim
in die tieferen
Löcher …

… dann die
Dübel einschlagen

8

… dann zusammenfügen und
mit Schraubzwingen fixieren

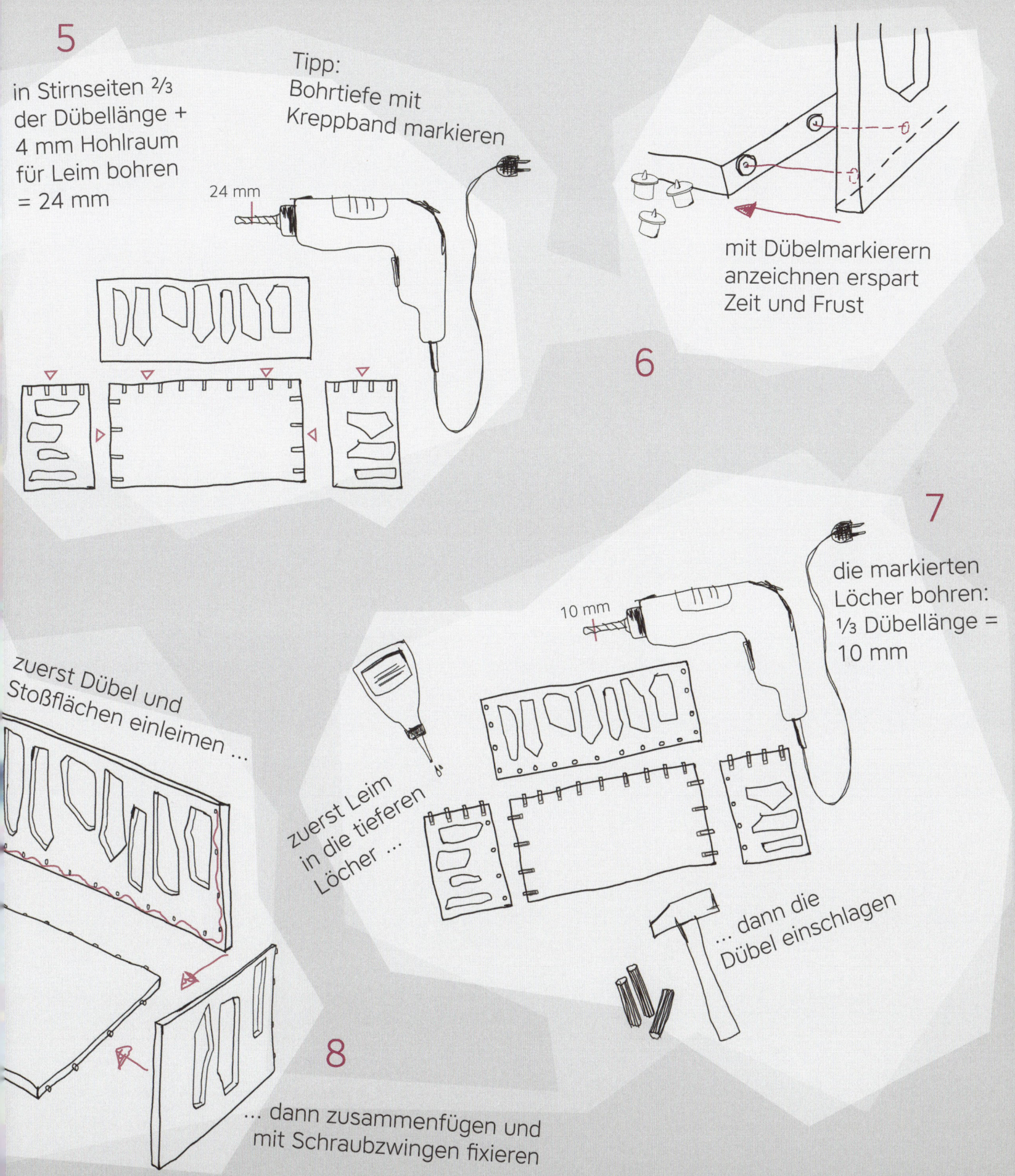

Ledertasche

Eine ist nicht genug.
Aber eine für jeden
Zweck: Für Windeln,
für Spielzeug, für
Schminksachen, für
Schlüssel & Co.
Für alles, aus Leder.

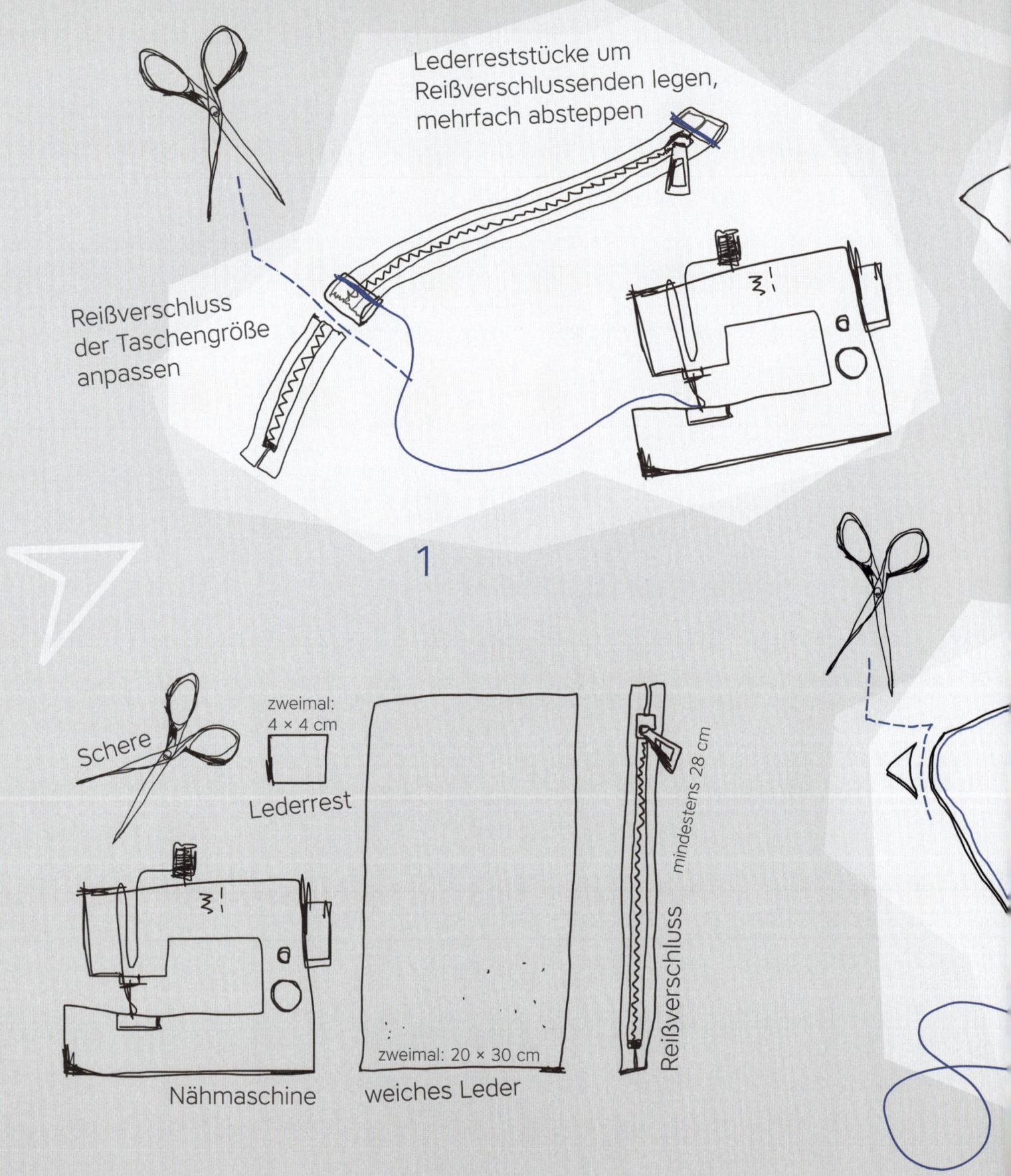

Lederreststücke um
Reißverschlussenden legen,
mehrfach absteppen

Reißverschluss
der Taschengröße
anpassen

1

Schere

zweimal:
4 × 4 cm

Lederrest

Nähmaschine

weiches Leder

zweimal: 20 × 30 cm

Reißverschluss

mindestens 28 cm

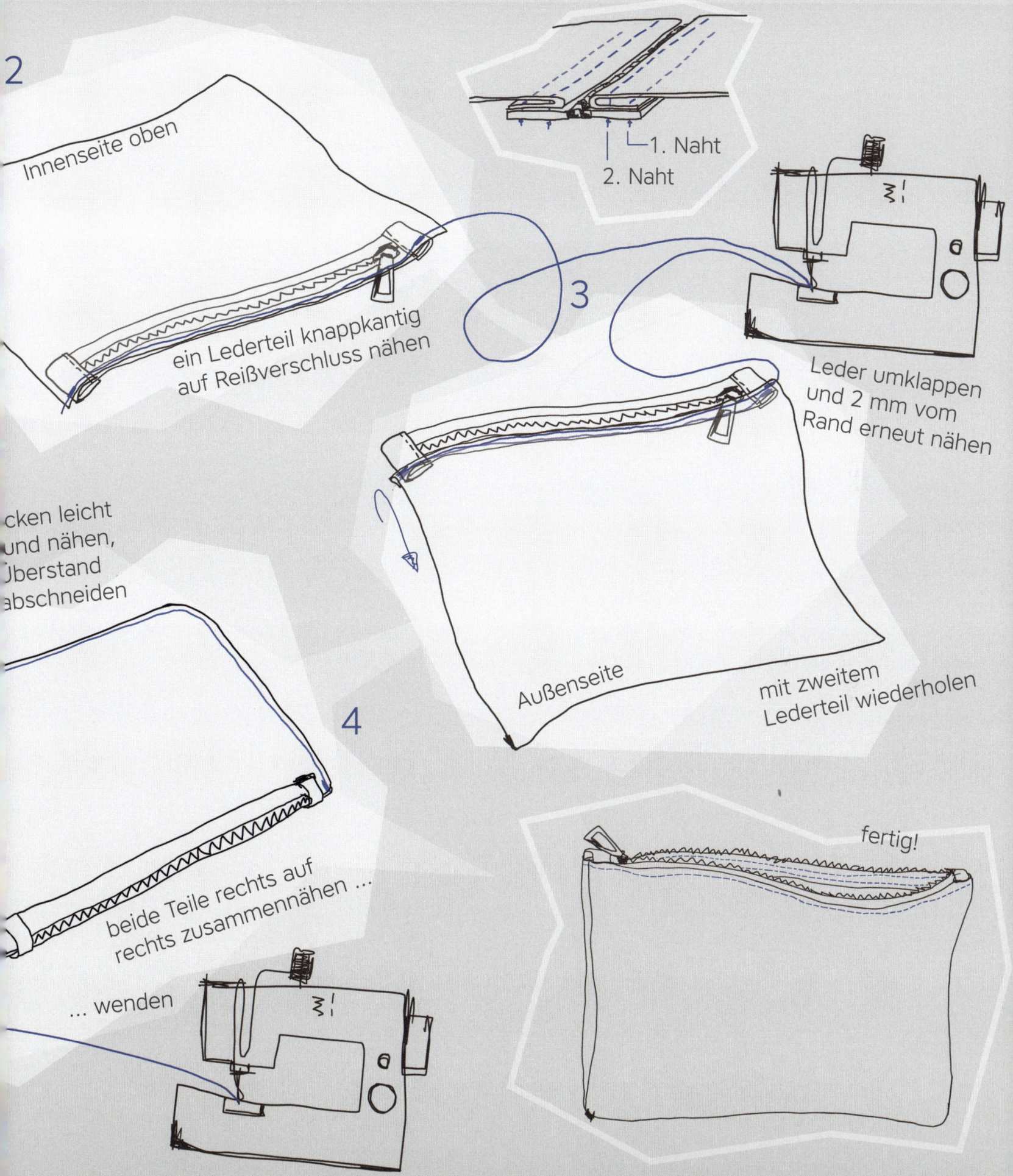

2

Innenseite oben

ein Lederteil knappkantig
auf Reißverschluss nähen

1. Naht

2. Naht

3

Leder umklappen
und 2 mm vom
Rand erneut nähen

Außenseite

mit zweitem
Lederteil wiederholen

...cken leicht
...und nähen,
...Überstand
...abschneiden

4

beide Teile rechts auf
rechts zusammennähen ...

... wenden

fertig!

Badezusatz

Müesliregal

Tee
mischungen

Badezusatz

Ganz in Ruhe in die wohltemperierte Badewanne steigen und den schweren Bauch mal vom Wasser tragen lassen. Mit einfachen Zutaten ist ein absolut natürlicher Badezusatz schnell selbst gemischt: 120 g Meersalz, 1 l Vollmilch, 6 Tropfen Kamillenöl und 12 Tropfen Orangenöl (oder einen anderen Lieblingsduft) ins Badewasser geben und genießen.

Gegen Ende der Schwangerschaft werden Vollbäder auch zur Geburtseinleitung empfohlen.

Müsliriegel

Was auch immer es mit der berühmten Kliniktasche auf sich hat: Müsliriegel gehören hinein. Unser Rezept ist sogar so simpel, dass man es locker noch in einer 15-minütigen Wehenpause zubereiten kann. Selbst gemacht aus Biozutaten, sind diese Riegel eine energiereiche Stärkung. Auch wenn man schon längst wieder daheim ist.

Rezept

Eine Tasse beliebige Flocken und eine Tasse gehackte Nüsse oder zwei Tassen einer anderen Zusammenstellung oder des Lieblingsmüslis ohne Fett leicht anrösten. Einen gehäuften Esslöffel Butter, sechs Esslöffel braunen Zucker, drei Esslöffel Honig und eine Prise Salz im Topf vorsichtig schmelzen, bis der Zucker sich aufgelöst hat. Geröstete Körner-Flocken-Mischung untermischen. Die fertige Masse zwischen zwei Lagen Backpapier ungefähr einen Zentimeter dick ausrollen, zehn Minuten abkühlen lassen und in Riegelgröße schneiden.

Teemischungen

Tee trinken ab Schwangerschaft für viele lange Monate? Da ist das übliche Supermarktangebot bald erschöpft. Leckere Tees ohne künstliche Aromen kann man recht einfach selber mischen. Unsere Favoriten sind entkoffeinierter schwarzer Tee mit Lavendel oder Himbeeren, „Intelligenztee" (Kamille-Pfefferminz) und die „Lieblingsmischung". Das Rezept dafür geht so: Alles, was einem schmeckt, zusammenschütten und weglassen, was einen stört oder was man nicht verträgt. Wenn man möchte, für jede Tasse neu, oder auf Vorrat in die Blechbüchse.

Während des Stillens kann man dann zum Beispiel ganz individuell Pfefferminz und Salbei weglassen und Fenchel verwenden oder – bei Milchstau – eben gerade nicht. Tolle Kombinationspartner sind auch Ingwer (Übelkeit), Rosenblüten und Zitronengras, Thymian (Erkältung), Lindenblüten, Melisse und Griechischer Bergtee. Gegen Ende der Schwangerschaft helfen Himbeerblätter zur Geburtserleichterung und nach der Geburt Frauenmantel zum Hormonausgleich. Vorsicht mit roten Tees: verträgt nicht jeder Babypopo.
Viel Spaß beim Ausprobieren!

null

bis

sechs

Monate

Das Baby ist da. Wahnsinn! Vor lauter Bewundern, Wickeln, Bewundern, Füttern, Schlafbegleitung und wieder Bewundern kommt man zu fast gar nichts mehr. Deswegen hier zehn kleine und schnelle Projekte, die dem Baby und seiner Mama das Leben verschönern, sofern überhaupt noch möglich.

Rasselröhren

Zum Zuhören, Greifen lernen, selber Rasseln oder Rumrollen: Diese Rasseln sind aus natürlichen Materialien, schön anzuschauen und ungeheuer aufregend.

fertig!

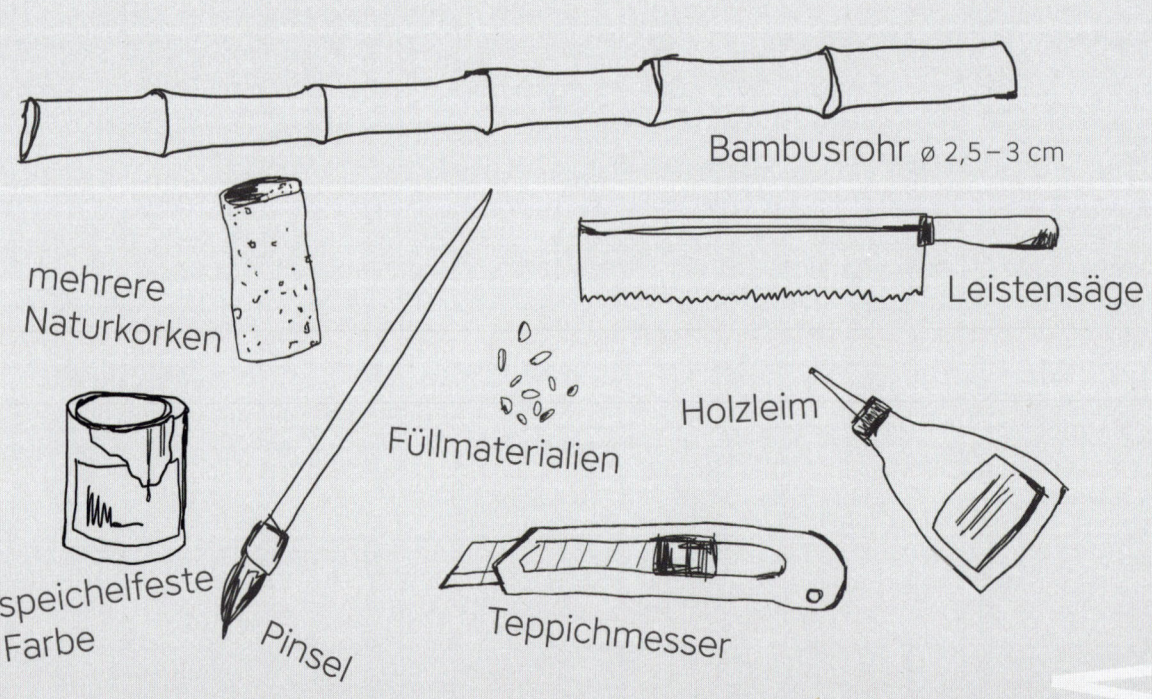

Bambusrohr ø 2,5 – 3 cm

mehrere
Naturkorken

Leistensäge

Füllmaterialien

Holzleim

speichelfeste
Farbe

Pinsel

Teppichmesser

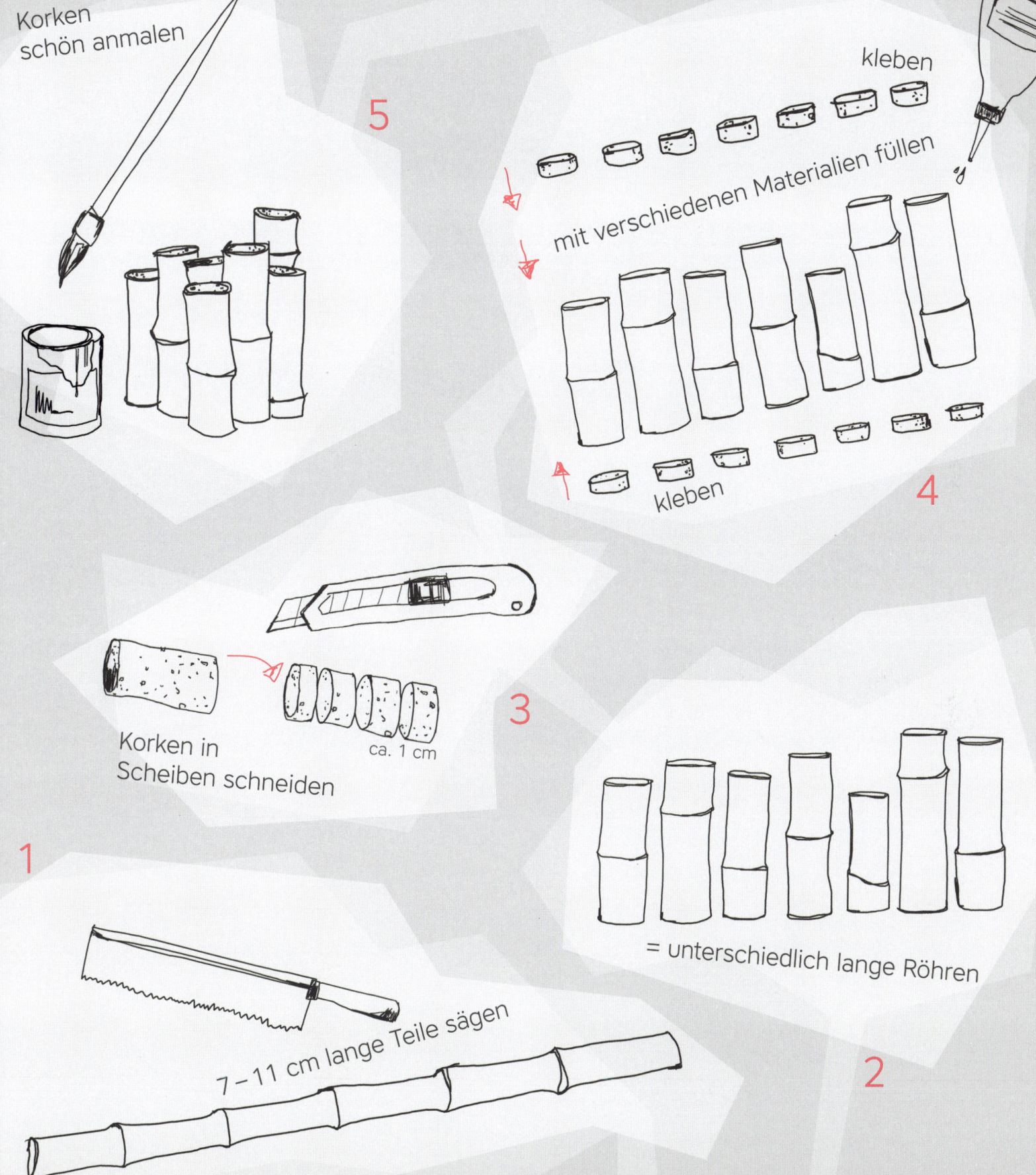

Korken
schön anmalen

5

kleben

mit verschiedenen Materialien füllen

kleben

4

Korken in
Scheiben schneiden

ca. 1 cm

3

= unterschiedlich lange Röhren

1

7 – 11 cm lange Teile sägen

2

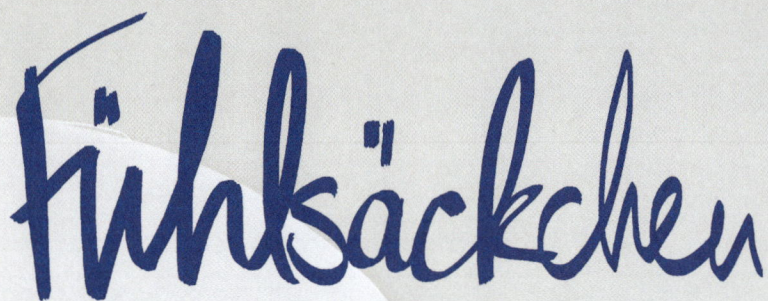

Fühlsäckchen

Feines, weiches Leder
wird mit interessanten
Materialien wie Linsen,
Knisterfolie, Münzen
oder Holzkugeln gefüllt.
Für abwechslungsreiche
Tasterlebnisse.

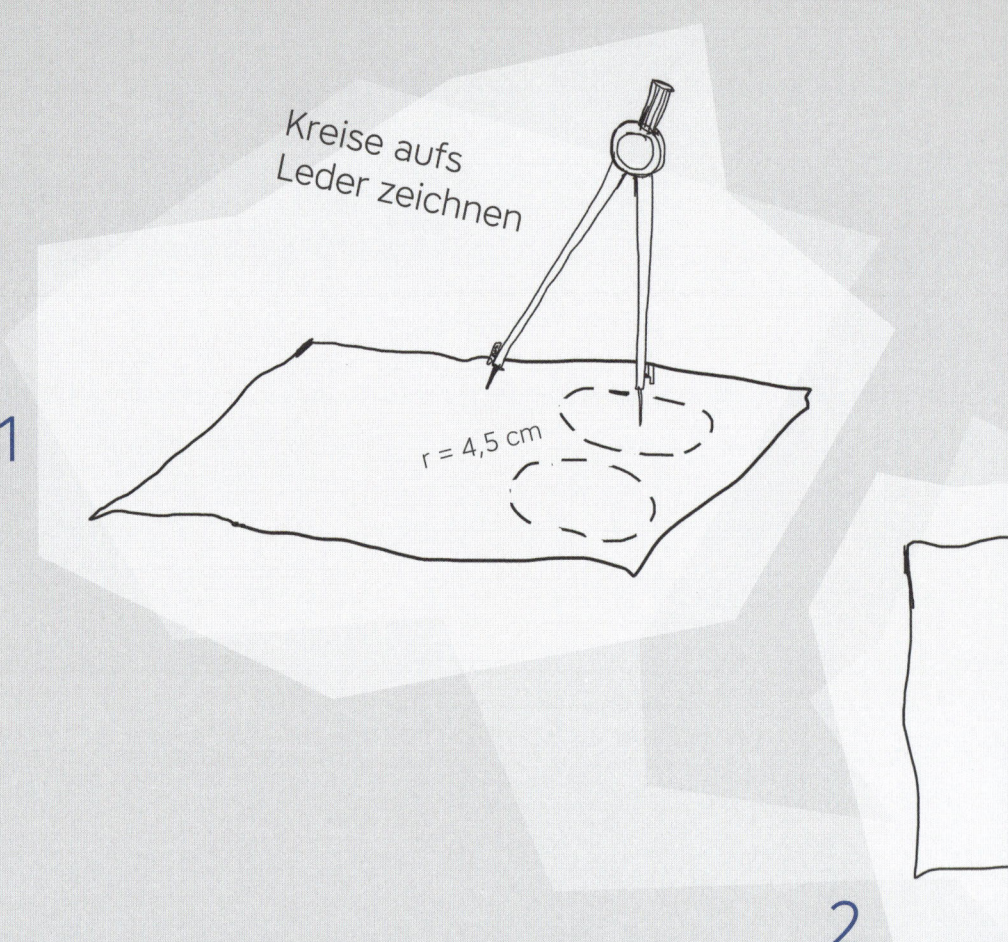

Kreise aufs Leder zeichnen

1

r = 4,5 cm

2

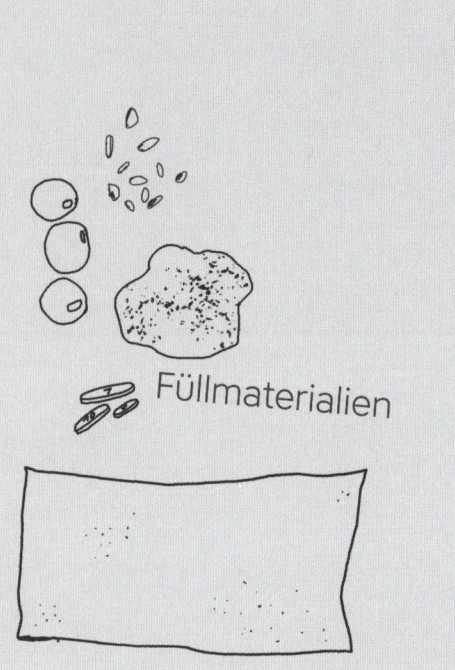

Füllmaterialien

weiche Lederstücke

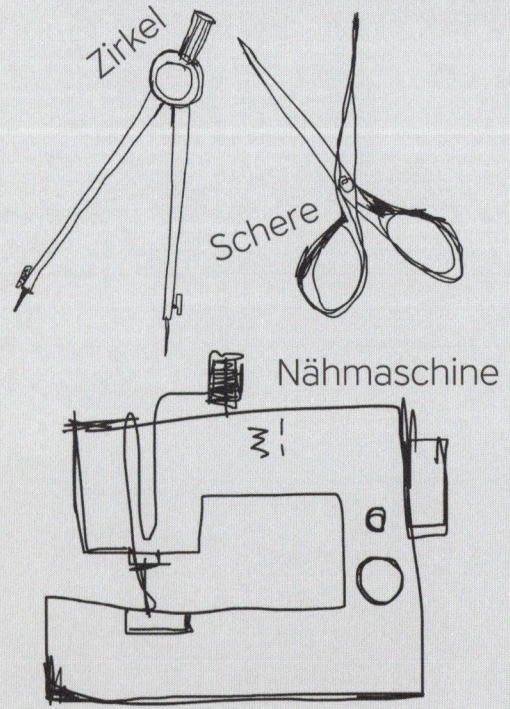

Zirkel

Schere

Nähmaschine

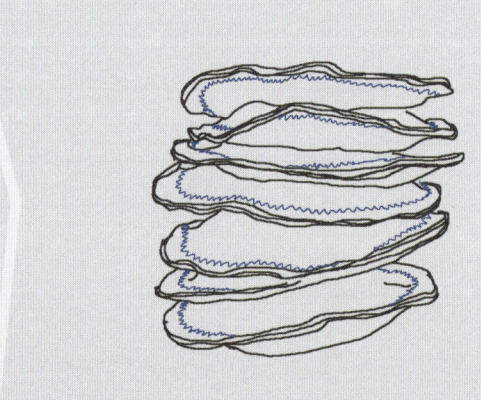

fertig!

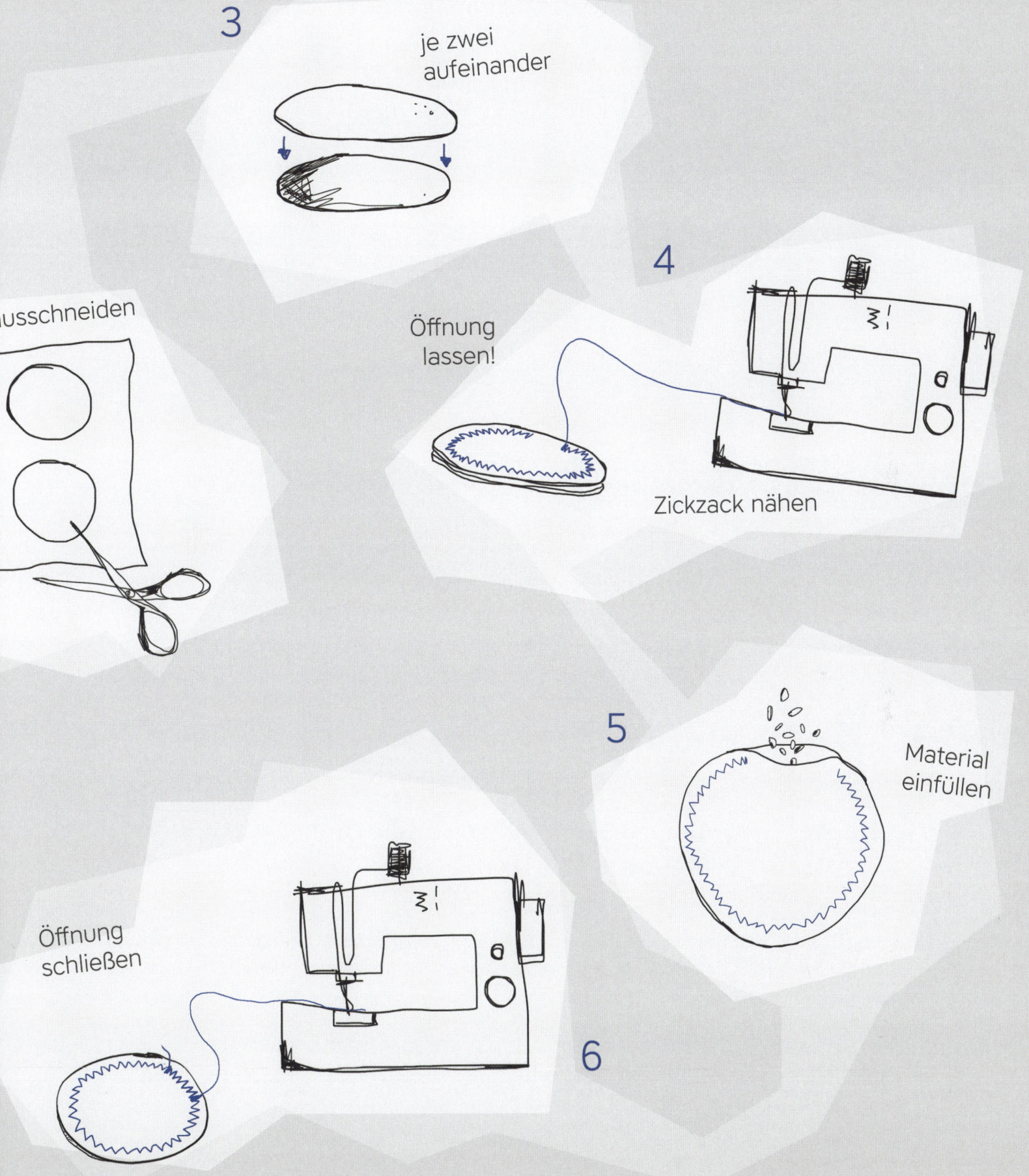

3

je zwei
aufeinander

ausschneiden

4

Öffnung
lassen!

Zickzack nähen

5

Material
einfüllen

Öffnung
schließen

6

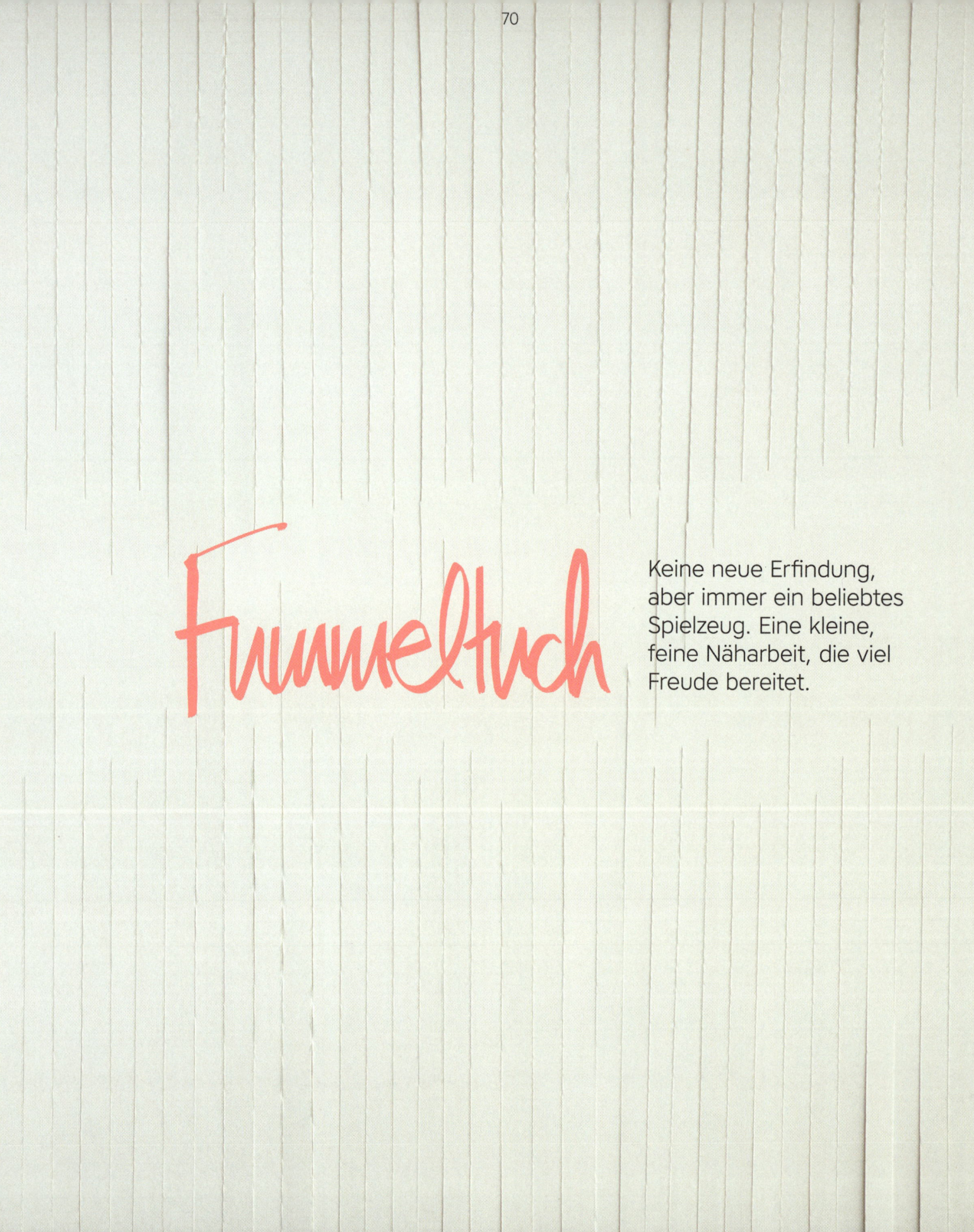

Fummeltuch

Keine neue Erfindung,
aber immer ein beliebtes
Spielzeug. Eine kleine,
feine Näharbeit, die viel
Freude bereitet.

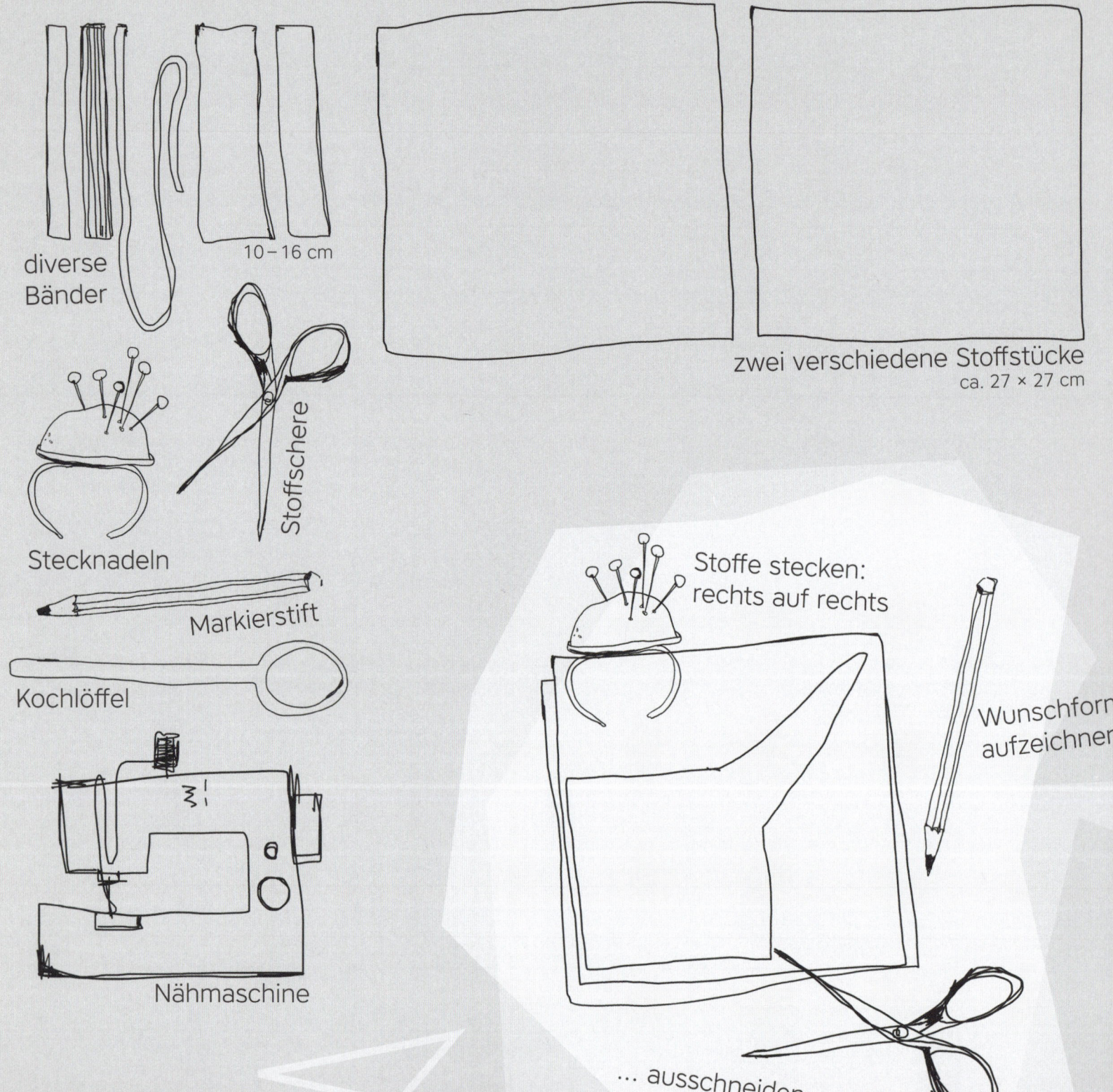

diverse
Bänder

10 – 16 cm

Stecknadeln

Stoffschere

Markierstift

Kochlöffel

Nähmaschine

zwei verschiedene Stoffstücke
ca. 27 × 27 cm

Stoffe stecken:
rechts auf rechts

Wunschform
aufzeichnen

... ausschneiden

1

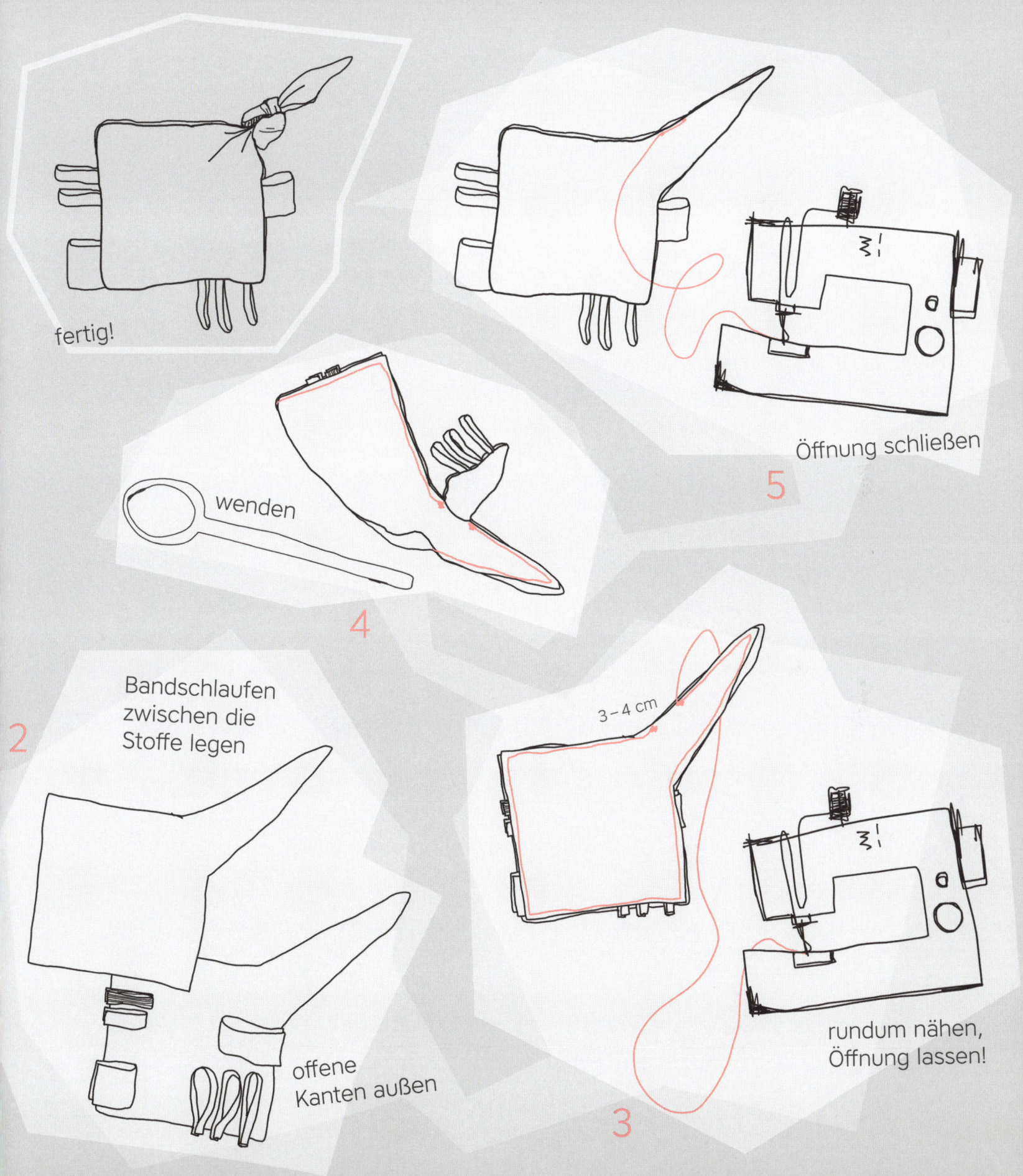

fertig!

Öffnung schließen

5

wenden

4

2

Bandschlaufen
zwischen die
Stoffe legen

offene
Kanten außen

3 – 4 cm

3

rundum nähen,
Öffnung lassen!

Schnullerband

Wer hätte damals schon an sein zukünftiges Baby gedacht, als junges Mädchen, Freundschafts-bänder knüpfend? Diese Technik hat es verdient, jetzt aus der Versenkung geholt zu werden. So viele Farben, so viele Muster, unendlich viele Möglichkeiten.

Blitztipp Schmuseschnuller
Clip und Ring an die Ecken eines leichten Tuches knoten.

Mustersuche:

freundschaftsbaender
friendship bracelets

kleine
Knotenkunde

www.

fertig!

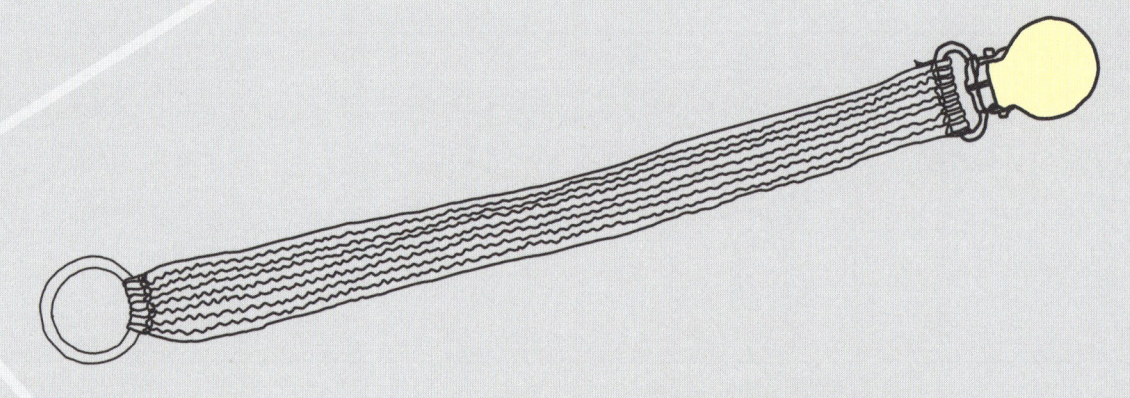

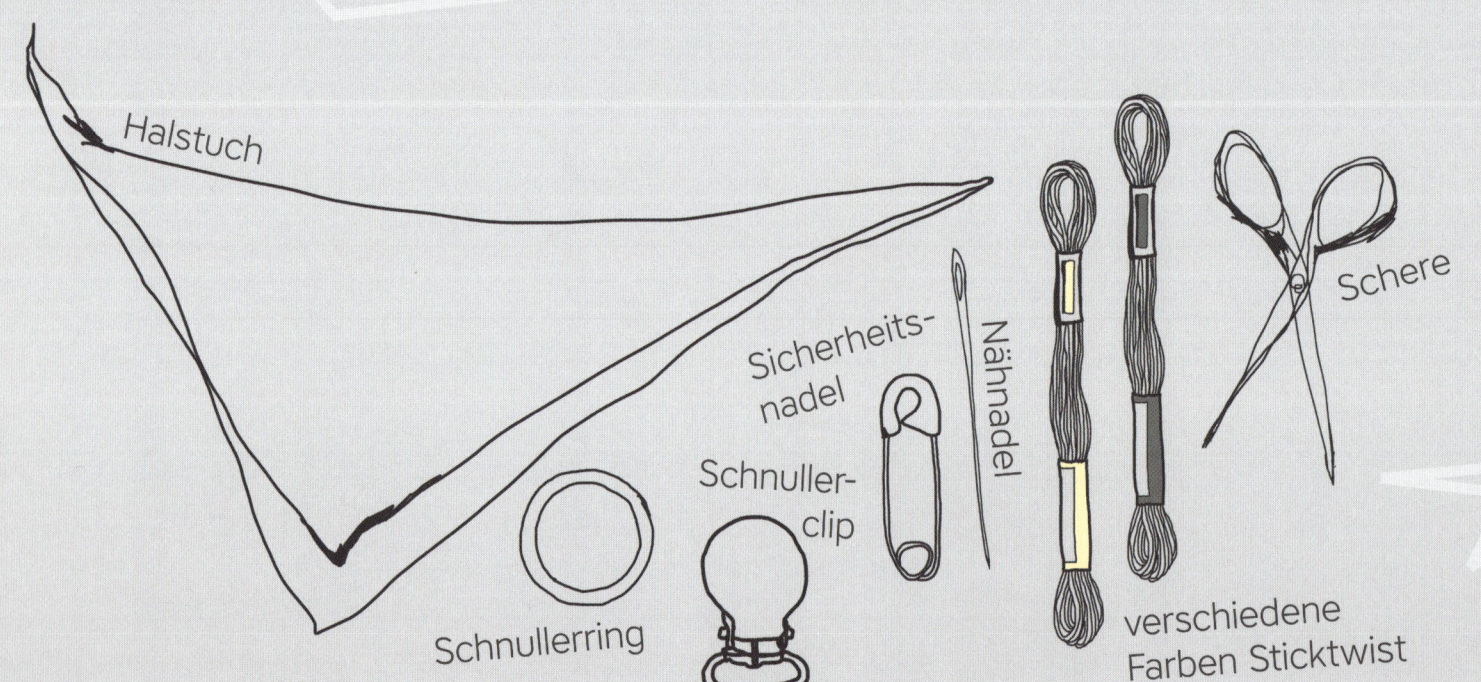

Halstuch

Sicherheits-
nadel

Nähnadel

Schere

Schnuller-
clip

Schnullerring

verschiedene
Farben Sticktwist

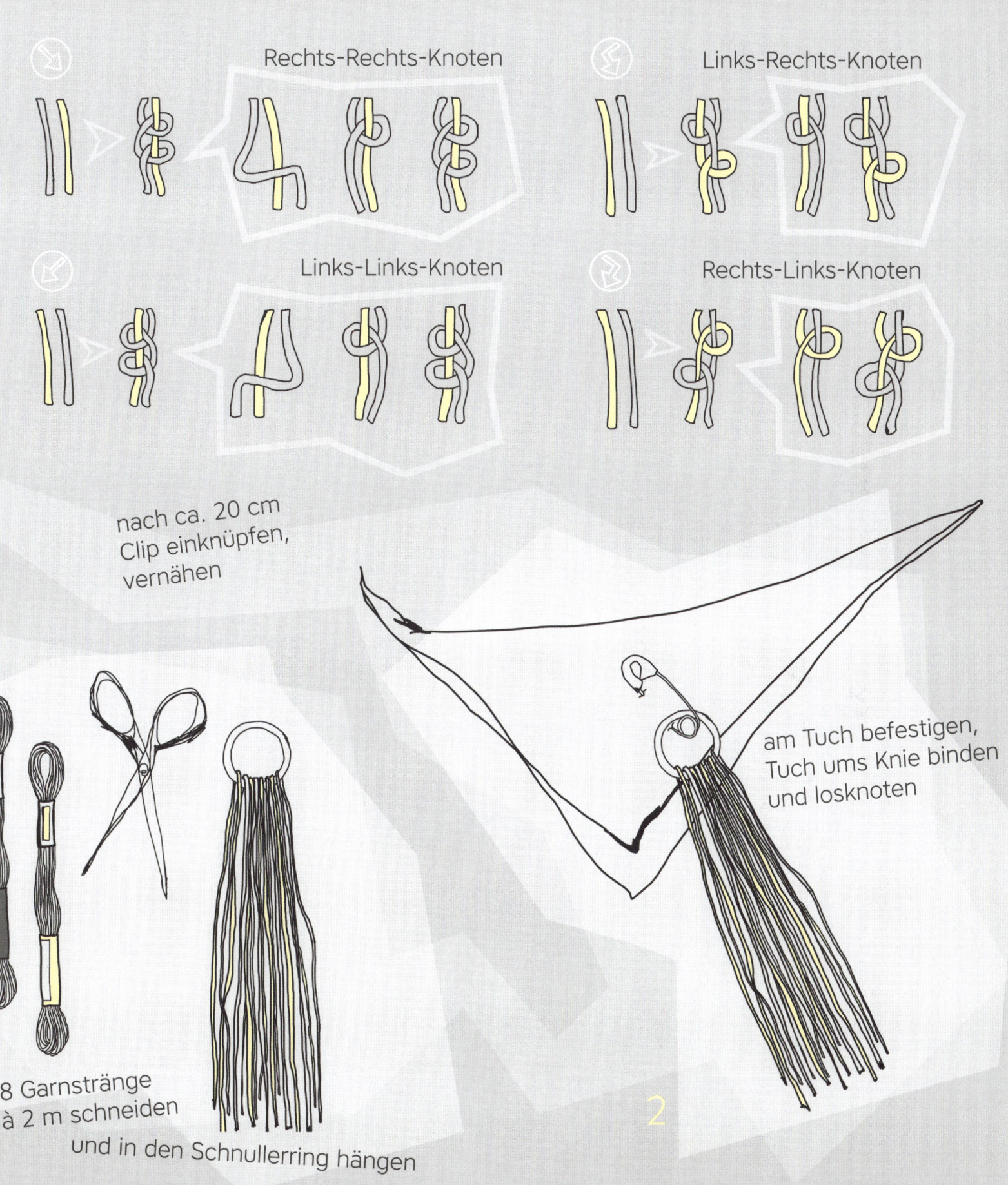

Rechts-Rechts-Knoten

Links-Rechts-Knoten

Links-Links-Knoten

Rechts-Links-Knoten

nach ca. 20 cm
Clip einknüpfen,
vernähen

am Tuch befestigen,
Tuch ums Knie binden
und losknoten

8 Garnstränge
à 2 m schneiden
und in den Schnullerring hängen

2

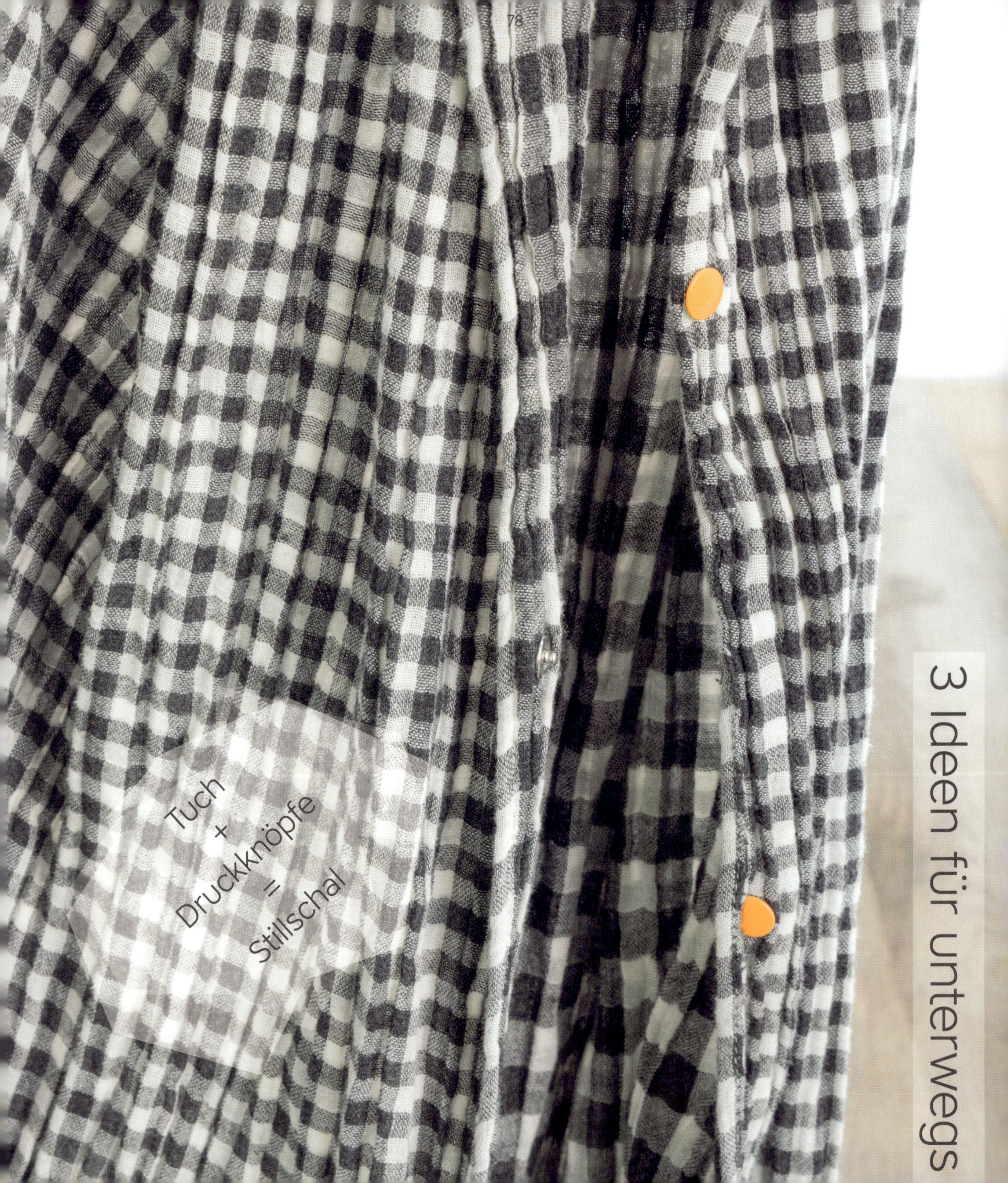
Tuch
+
Druckknöpfe
=
Stillschal

3 Ideen für unterwegs

Tragetuch
+
Tisch
=
Rückzug

Meterstab
+
2 Stühle
=
Spielspaß überall

Trockenbaum

Ja wirklich, ein Baum.
An dem die unzähligen
Schnuller, Sauger,
Fläschchen und Beiß-
ringe zum Trocknen
aufgehängt werden. Die
Arbeitsflächen bleiben
frei und die Küche wird
ein bisschen schöner.

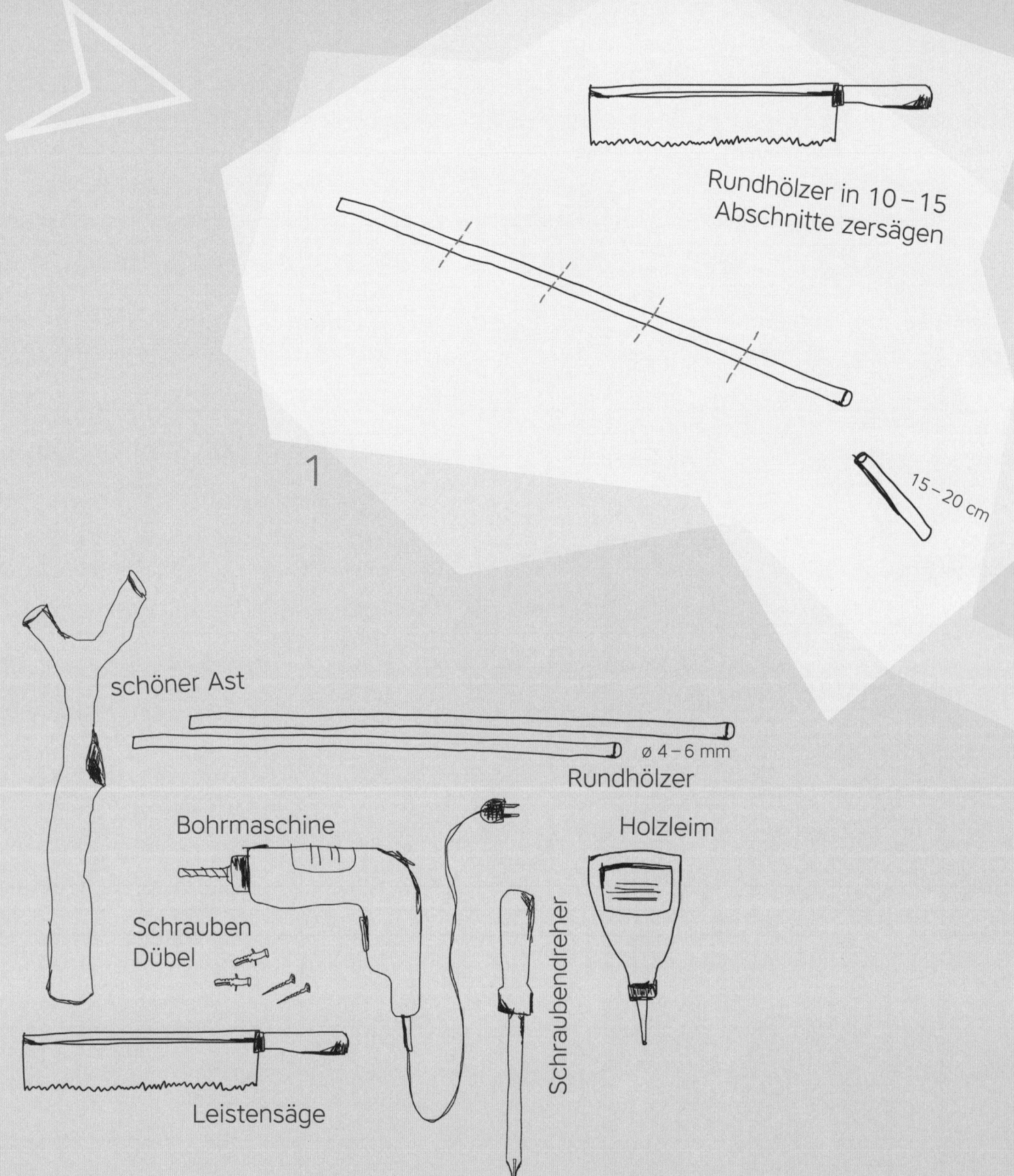

Rundhölzer in 10 – 15
Abschnitte zersägen

1

15 – 20 cm

schöner Ast

ø 4 – 6 mm
Rundhölzer

Bohrmaschine

Schrauben
Dübel

Schraubendreher

Holzleim

Leistensäge

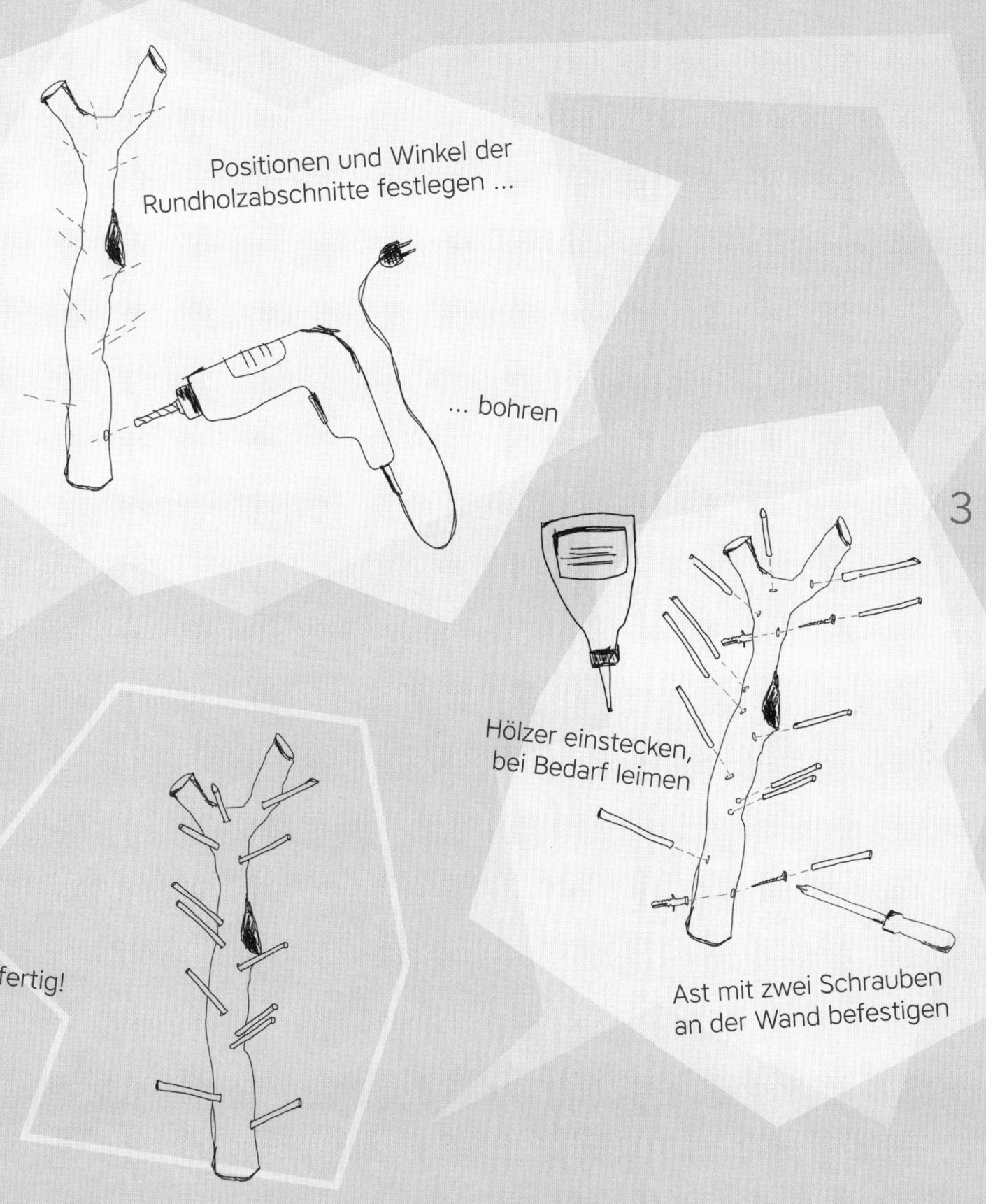

Positionen und Winkel der
Rundholzabschnitte festlegen ...

... bohren

2

Hölzer einstecken,
bei Bedarf leimen

3

Ast mit zwei Schrauben
an der Wand befestigen

fertig!

Ob neben dem Wickelplatz
oder im Babyzimmer: Mützchen,
Söckchen, Spielzeug, Schnuller,
der ganze Kleinkram, der auf
einmal zum Alltag gehört, ist
in diesem Wandregal hübsch
aufgeräumt. Schnell gebaut,
noch lange nützlich.

Utensilo

Klebestift

Holzleim

Musterpapiere
in Kistenbodengröße

einige Holzkisten

Telefonbücher

Sperrholzplatte, 8 mm,
in Wunschgröße hier 100 × 80 cm

fertig!

1 Kistenanordnung
testen

3

Musterpapiere
einkleben

Kisten
entsprechend
festleimen ...

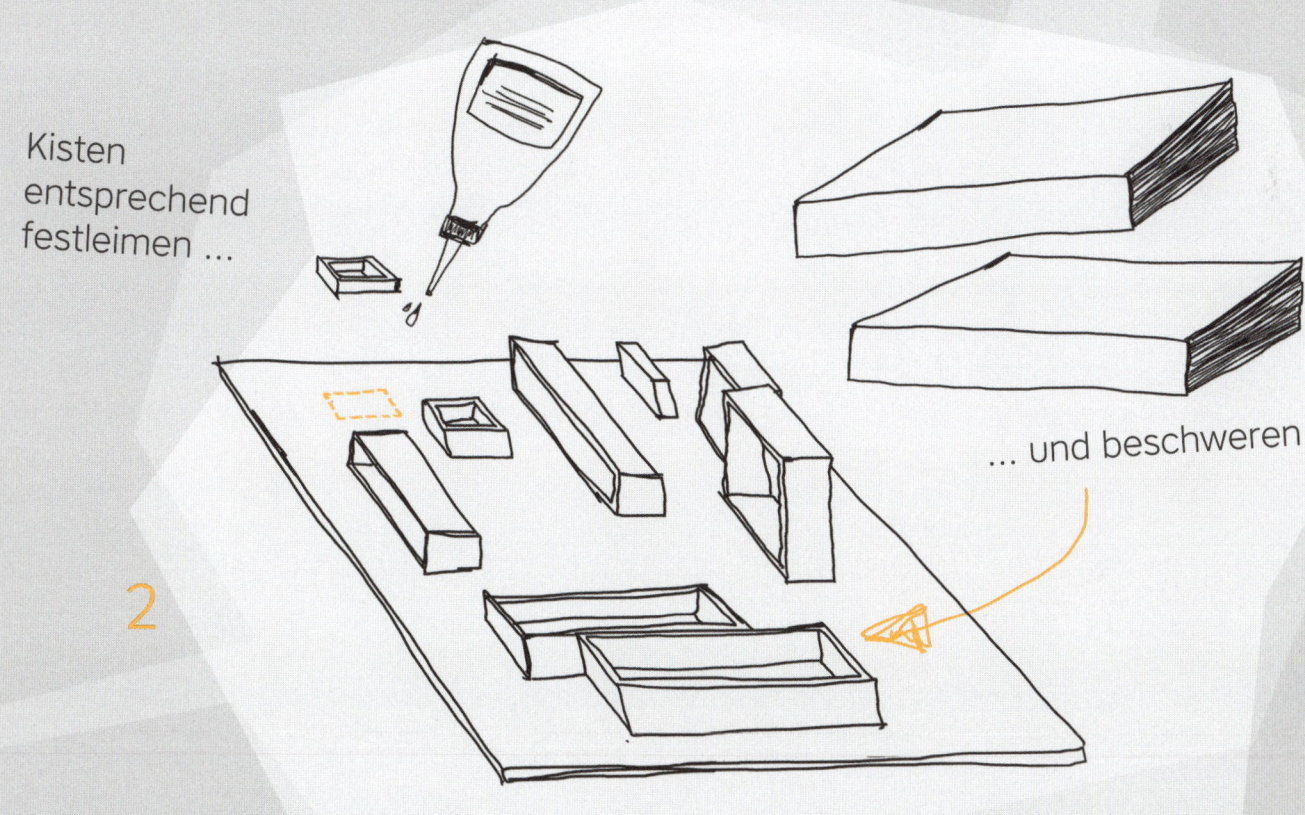

... und beschweren

2

Wagenhaken

Nichts praktischer als das:
Aus Klettband und Karabinern
Universalhaken für jeden
Kinderwagen schaffen. Hält
auch schöne Taschen, da kann
das große Wickelungetüm zu
Hause bleiben.

1

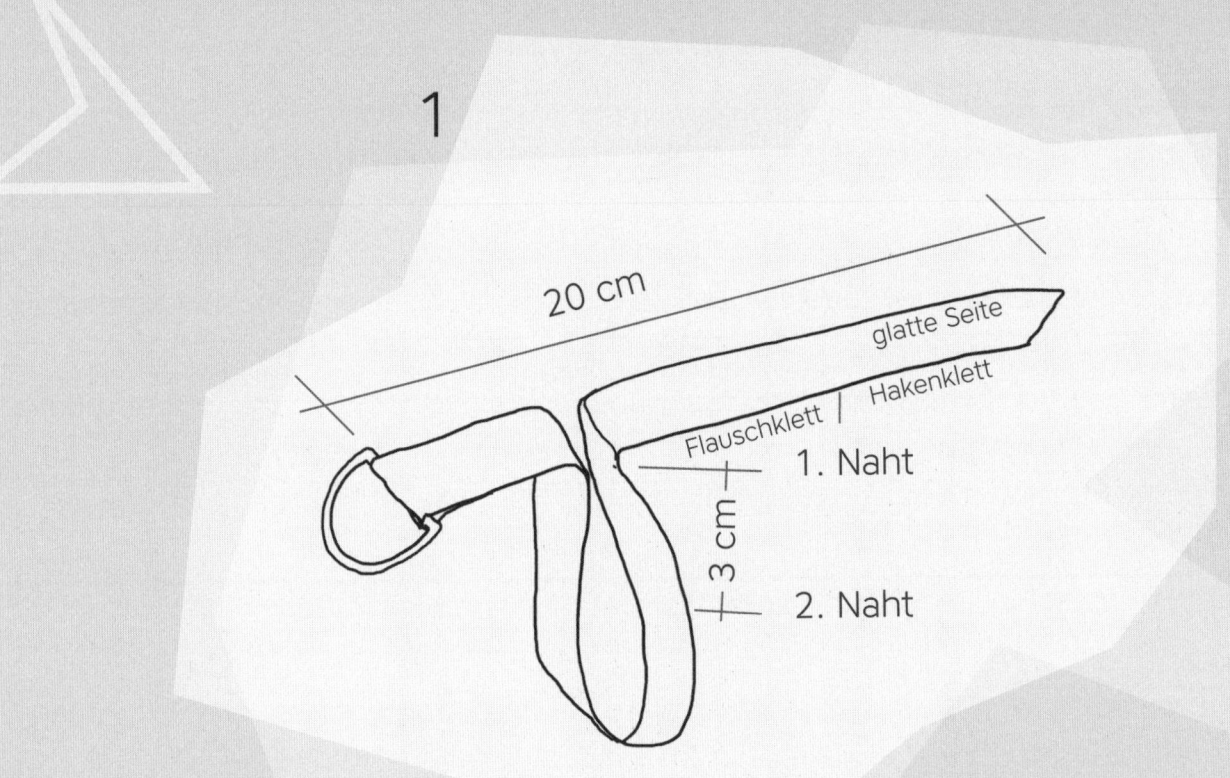

20 cm

glatte Seite

Flauschklett | Hakenklett

1. Naht

3 cm

2. Naht

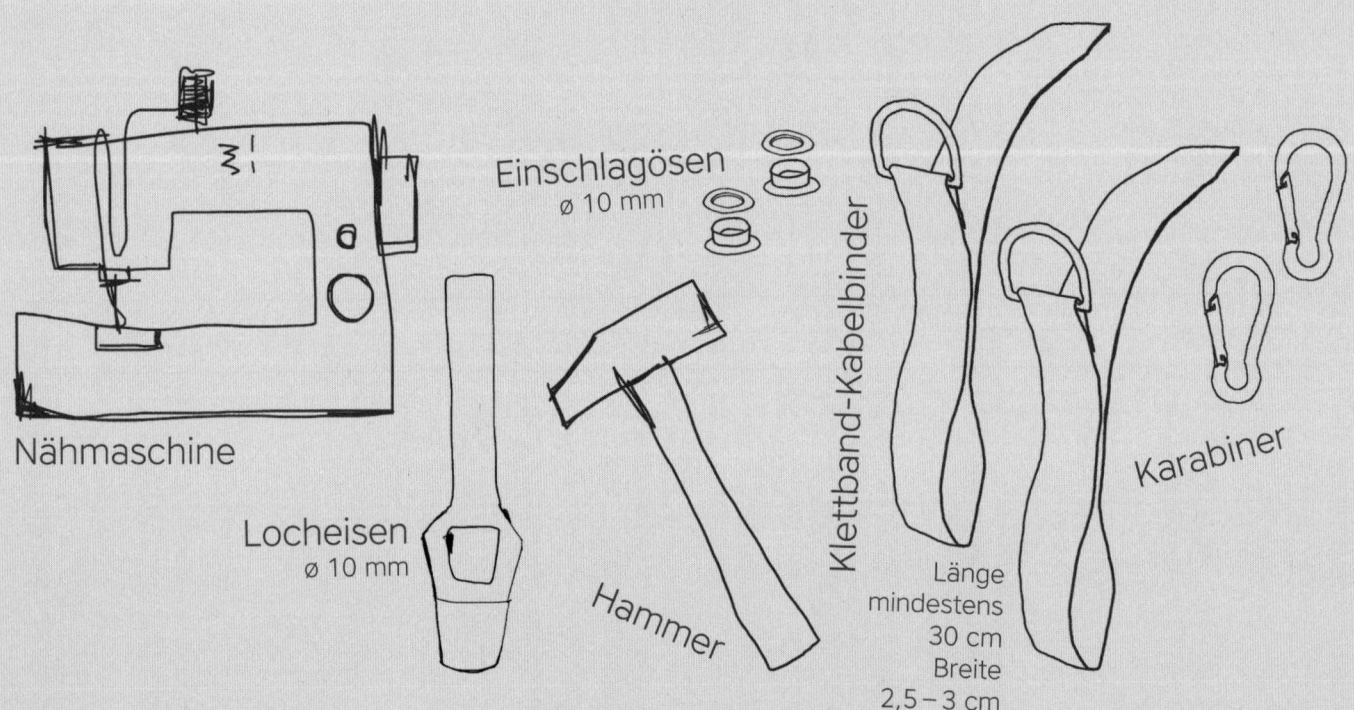

Nähmaschine

Einschlagösen
ø 10 mm

Locheisen
ø 10 mm

Hammer

Klettband-Kabelbinder

Länge
mindestens
30 cm
Breite
2,5 – 3 cm

Karabiner

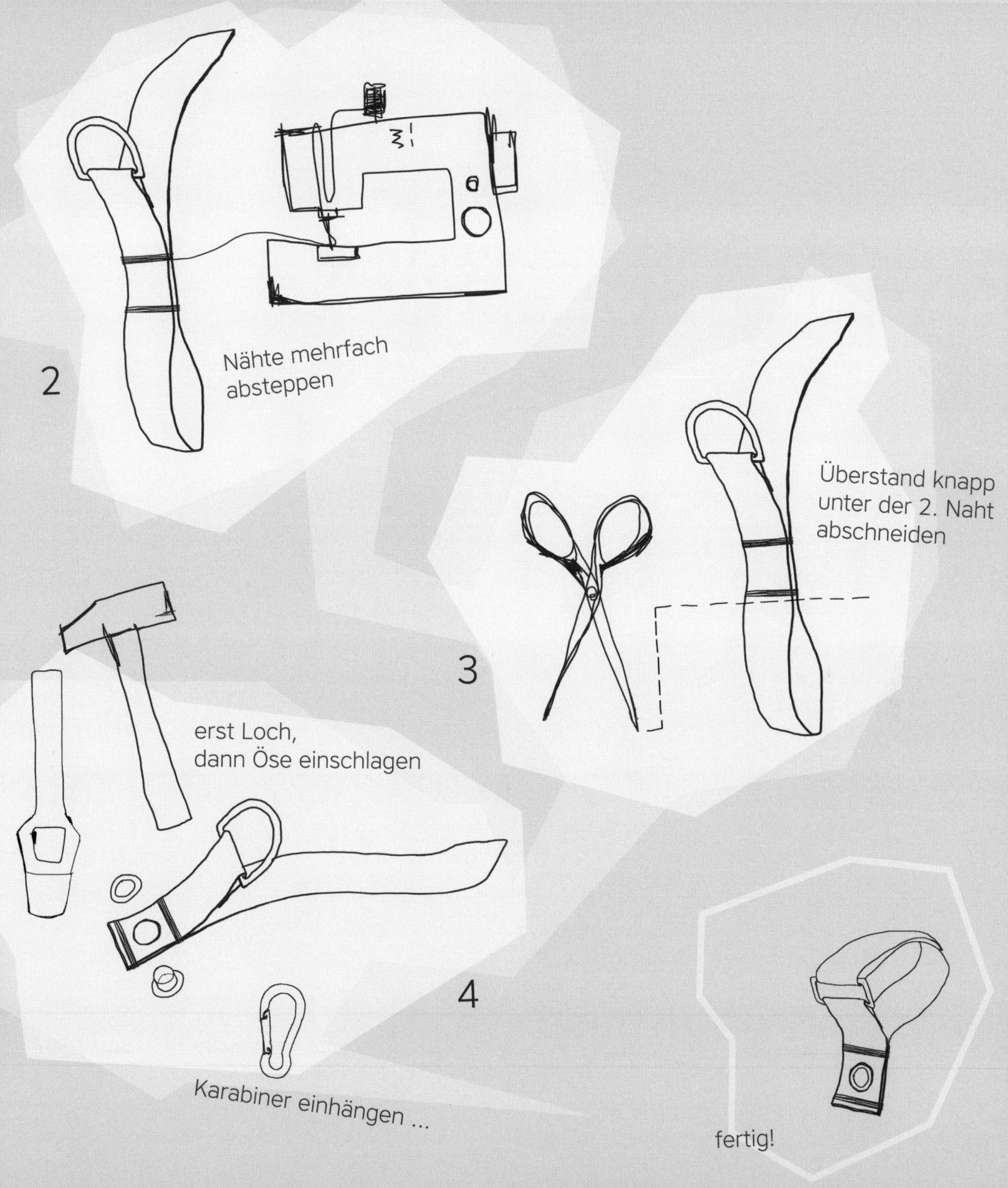

2

Nähte mehrfach
absteppen

3

Überstand knapp
unter der 2. Naht
abschneiden

erst Loch,
dann Öse einschlagen

4

Karabiner einhängen ...

fertig!

Mobile

Babys sind ziemlich
viel mit Schauen
beschäftigt, da
wollen wir ihnen den
nötigen Stoff bieten:
Ein Mobile überm
Wickelplatz, überm
Tagesbettchen,
in der Spielecke.
Mindestens. Wir
hätten da aber
noch Ideen fürs
Bad, den Flur, die
Küche und das
Elternschlafzimmer.
Und vielleicht noch
eins für Oma.
Mobiles können in
tausend Varianten
gemacht werden,
von einfach bis
schwierig, von
fast umsonst
bis zu seltenem
Spezialzubehör.
Und es gäbe noch
so viele andere
Möglichkeiten …

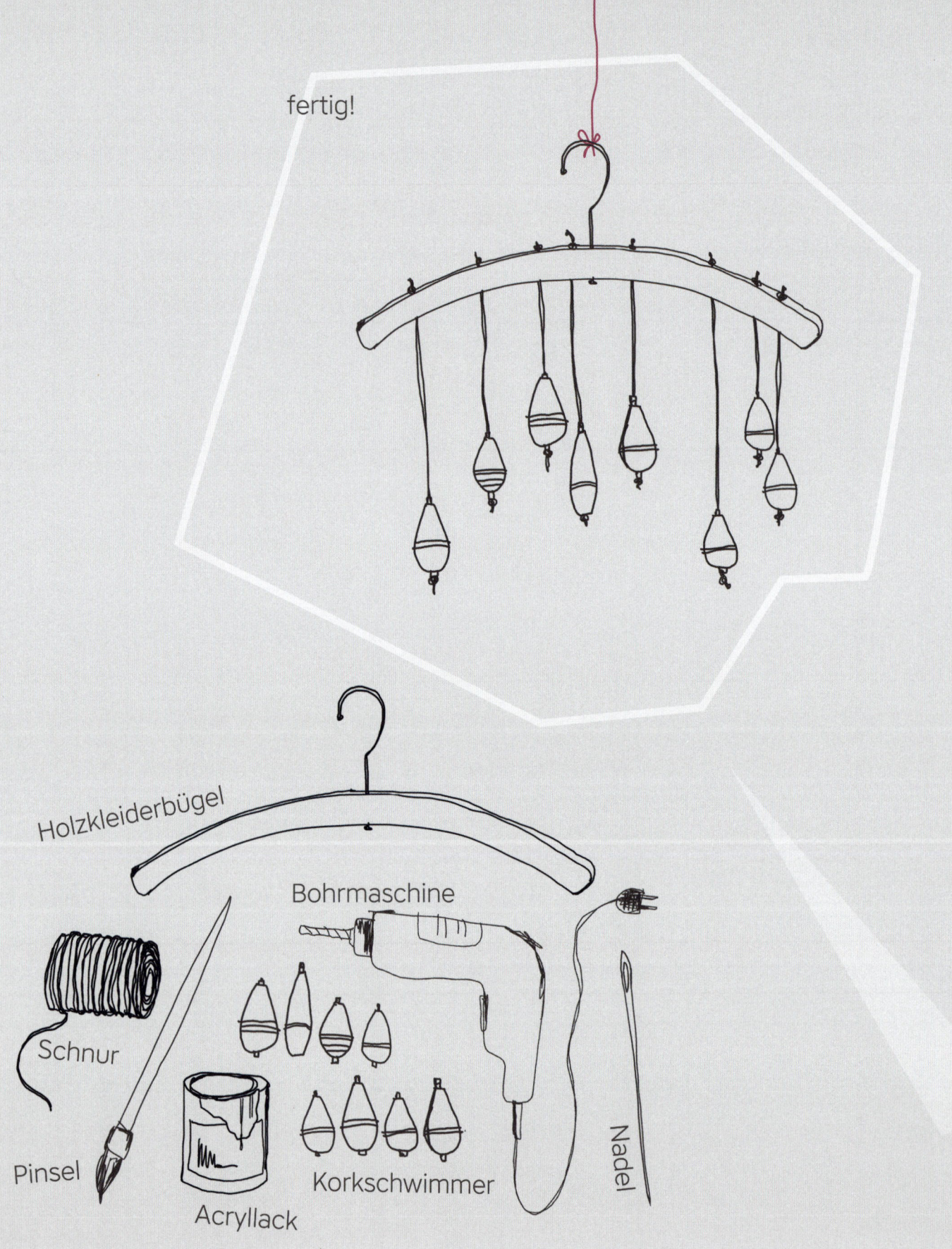

fertig!

Holzkleiderbügel

Bohrmaschine

Schnur

Pinsel

Acryllack

Korkschwimmer

Nadel

1 Schwimmer in Wunschfarben bemalen

2 Kleiderbügel durchbohren

ø = Schnur

... dann Schnur durch Löcher fädeln und verknoten

zuerst Schwimmer auf Schnur ...

3

Architektenbedarf an Stahlring

Papier an Ast

Origamischiffchen aus Baumwollgaze
in Kleiderbügel

Spirale aus Papier

Federn an Kleiderbügel

noch mehr
Mobiles

Blitztipp Babystulpen
Das Fußteil von Mami-Kniestrümpfen wegschneiden.

Diese wunderbaren
Strickärmelchen sind
eine tolle Ergänzung
zu Strampelsack und
Tragetuch. 100 % nützlich,
100 % nicht käuflich.

Wärmebärmel

Keine Ahnung?!
Einfach mal
suchen:

Maschen aufnehmen
rechte Maschen stricken
linke Maschen stricken
Randmaschen stricken
doppeltes Perlmuster
Maschen abketten
Maschen auffassen
stricken mit Nadelspiel

www.

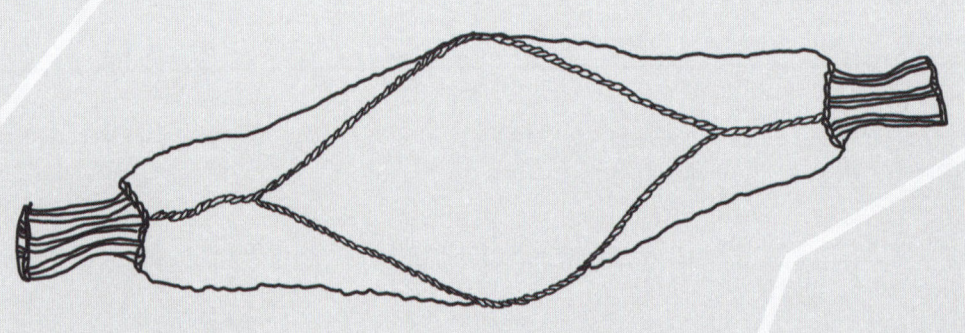

fertig!

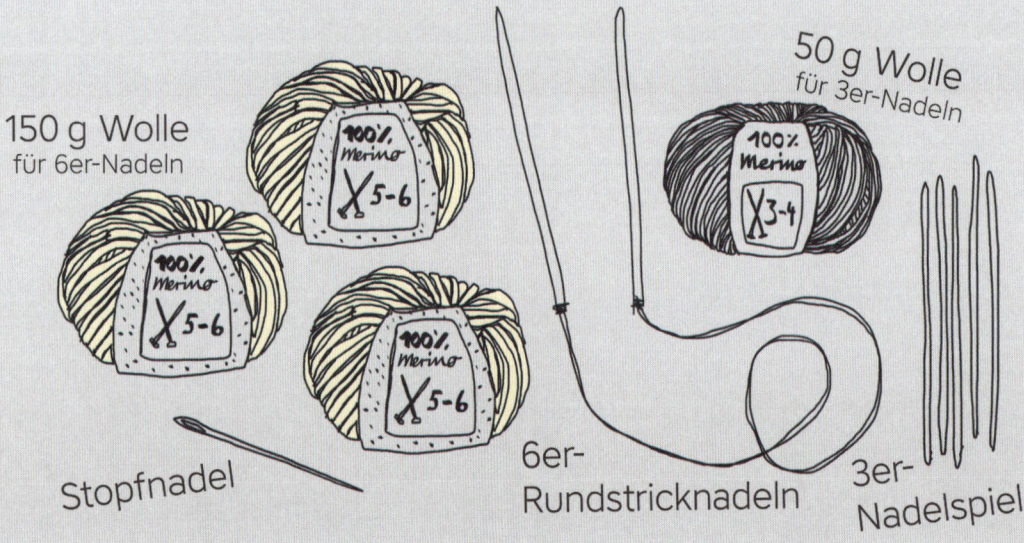

150 g Wolle
für 6er-Nadeln

50 g Wolle
für 3er-Nadeln

100% Merino ✕ 5-6

100% Merino ✕ 5-6

100% Merino ✕ 5-6

100% Merino ✕ 3-4

Stopfnadel

6er-
Rundstricknadeln

3er-
Nadelspiel

mit der dünnen Wolle an beiden
Ärmeln durch jede Randmasche
eine Masche auffassen ...

... die 24 Maschen auf
dem Nadelspiel verteilen ...

... 10 cm Bündchen
stricken *2 M re, 2 M li*
abketten, Fäden vernähen

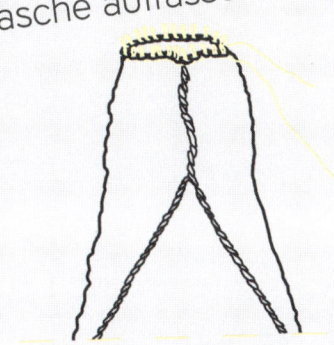

3

Ärmel zusammennähen

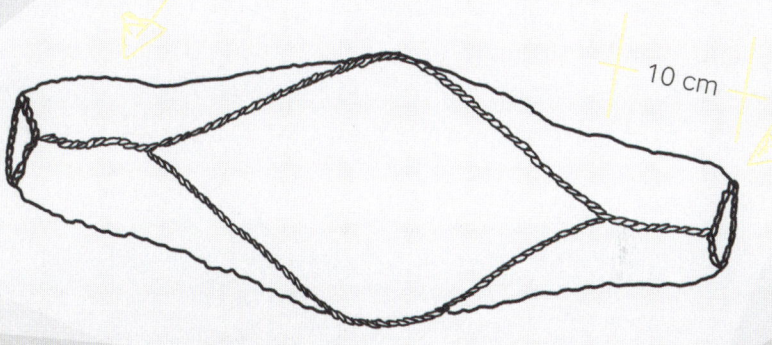

10 cm

2

91 Maschen anschlagen ...

... 24 Reihen im doppelten
Perlmuster stricken ...

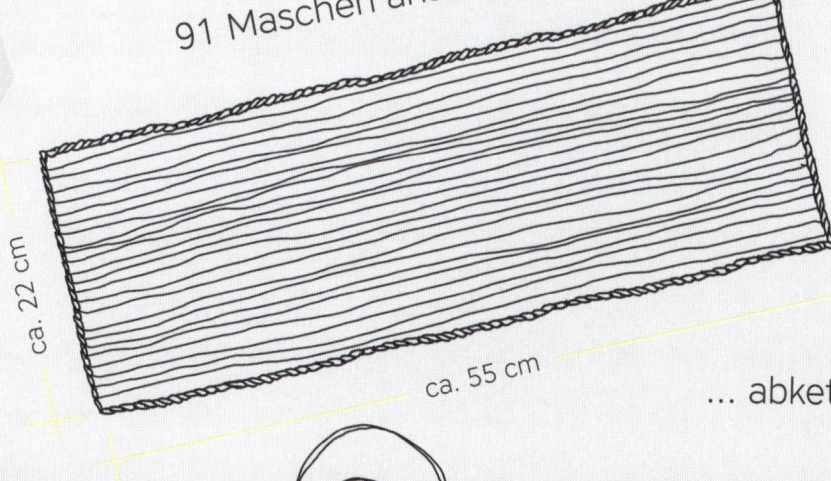

ca. 22 cm

ca. 55 cm

... abketten

das Muster besteht aus 4 Reihen,
die fortlaufend wiederholt werden:

RM - 1 M re - *1 M li, 1 M re* - RM
RM - 1 M li - *1 M re, 1 M li* - RM
RM - 1 M li - *1 M re, 1 M li* - RM
RM - 1 M re - *1 M li, 1 M re* - RM

RM = Randmasche
M re = rechte Masche
M li = linke Masche
... = fortlaufend wiederholen

1

Motivdecke

Eine leichte Decke
für den Kinderwagen
oder die Wiege, für
drinnen und draußen.
Neue Drucktechnik
und ein eigenes Foto
garantieren ein absolut
einzigartiges Stück.

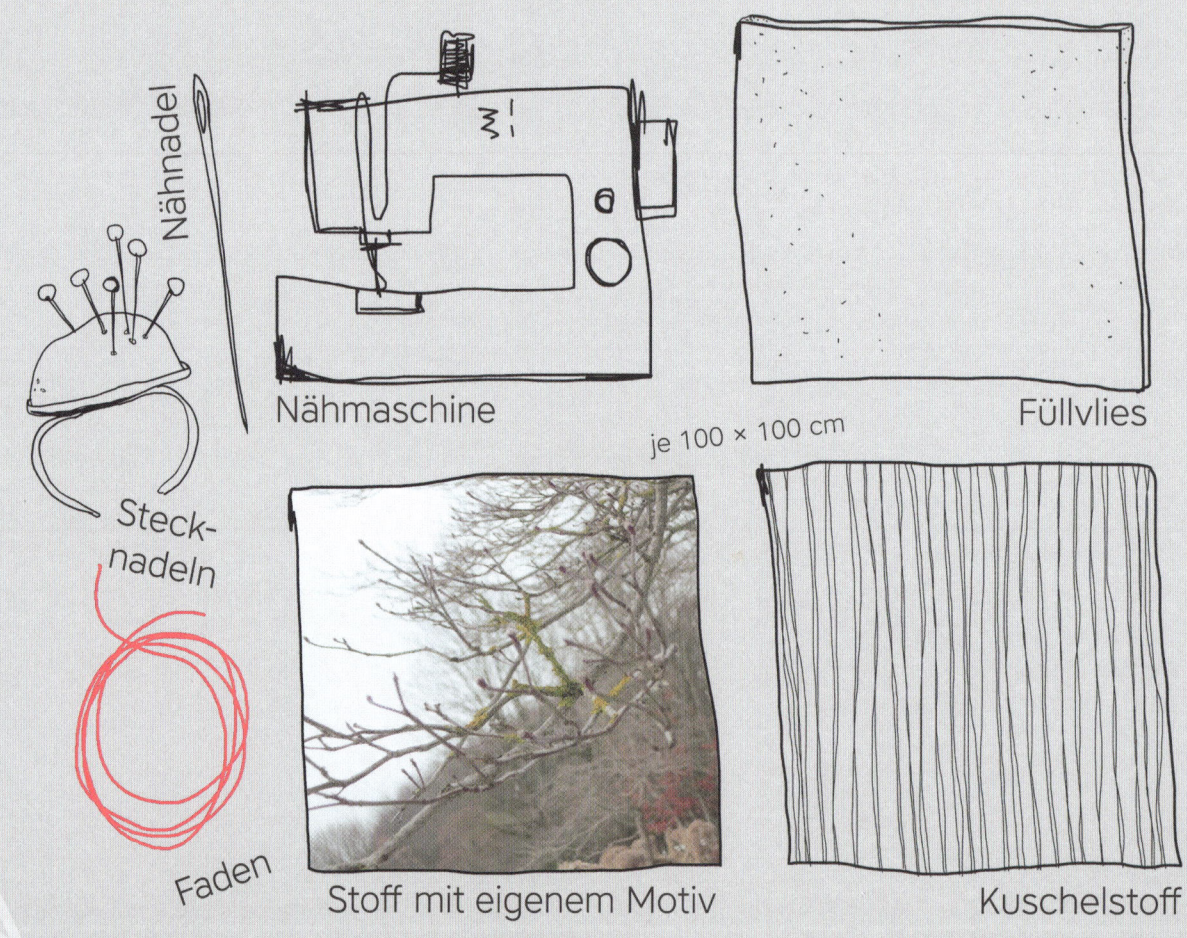

Nähnadel

Steck-
nadeln

Faden

Nähmaschine

je 100 × 100 cm

Füllvlies

Stoff mit eigenem Motiv

Kuschelstoff

Foto schießen

.JPG

100 × 100 cm

Achtung Auflösung!

www.
stoffschmie.de

Stoff bestellen,
neugierig warten ...

1

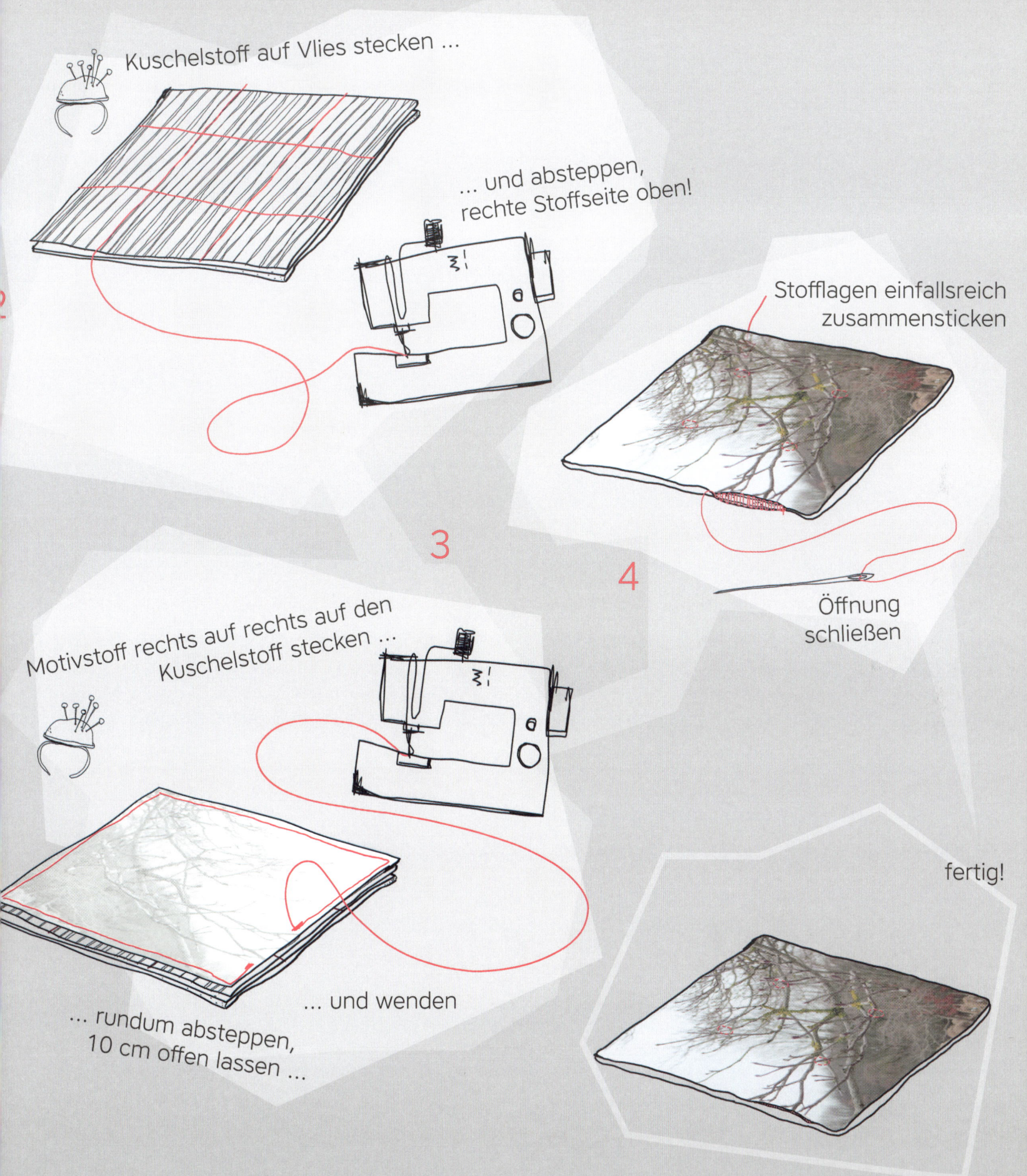

Kuschelstoff auf Vlies stecken ...

... und absteppen,
rechte Stoffseite oben!

Stofflagen einfallsreich
zusammensticken

3

4

Öffnung
schließen

Motivstoff rechts auf rechts auf den
Kuschelstoff stecken ...

... und wenden

fertig!

... rundum absteppen,
10 cm offen lassen ...

3 Rezepte für Neu-Mamas

Bauchöl

hoykost

Hühnersuppe

Bauchöl

Pflege für die beanspruchte Haut und Hilfe bei der Rückbildung, selbst gemacht aus nur wenigen und ausschließlich natürlichen Zutaten – eine duftende Wohltat.

5 g (10 %) Sheabutter im Wasserbad bei max. 70 °C schmelzen, 40 g (80 %) Mandelöl und 5 g (10 %) Nachtkerzenöl dazurühren, bis sich alles vermischt hat. Mit 5 Tropfen Lavendelöl und 15 Tropfen Bergamotteöl zum Duften bringen und abkühlen lassen, in verschließbarem Fläschchen aufbewahren.

Frostkost

Das Wochenbett ist eine sehr besondere Zeit, manchen geht es ganz gut, manche müssen sich etwas intensiver vom Erlebnis Geburt erholen. Wer hat da schon Lust, sich um so nebensächliche Dinge wie Kochen zu kümmern. Deshalb hier einige Vorschläge für gut einzufrierende Gerichte. Klingt hausmütterlich altmodisch, lohnt sich aber! Viele Gelegenheiten, sich bei sich selbst zu bedanken.

- Kartoffel-, Kürbis- oder jede andere Suppe
- Nudelsaucen
- Eintöpfe und Aufläufe
- Quiches und Teigtaschen
- Hackfleischgerichte wie Lasagne, Chili con Carne und Fleischbällchen, bzw. die vegetarischen Varianten davon
- Teig, zum Beispiel für Pizza, Waffeln, Kuchen

Hühnersuppe

Überall liest man, Hühnerbrühe im Wochenbett müsse sein: stärkend, gut und angeblich sogar milchbildend. Und kocht sich eigentlich von allein. Tatsächlich das beste „Willkommen daheim!"-Essen, das man sich vorstellen kann.

1 Bio-Suppenhuhn
1 Bund Suppengrün, klein geschnitten
1 – 2 Zwiebeln, halbiert
so viel Knoblauchzehen, wie man mag
4 cm Ingwerknolle, in Scheiben
Kräuter nach Geschmack, zum Beispiel Liebstöckel, Lorbeer und Petersilie oder Rosmarin, Oregano und Thymian

Alles ins kalte Wasser geben, salzen, aufkochen lassen. Hitze zurückdrehen und 2 – 3 Stunden sanft köcheln lassen, bis sich das Fleisch vom Knochen löst. Dann das Huhn herausnehmen, auslösen und klein schneiden. In einem separaten Topf Nudeln oder Reis als Einlage kochen. Ungenießbare Würzzutaten wieder aus der Suppe herausfischen, Gemüse und Fett ruhig drinlassen. Fleisch wieder in die Suppe geben. Nachwürzen mit Salz, Pfeffer, Muskat. Erst beim Servieren Einlage in die Suppe geben, damit nichts durchweicht.

Das Baby wächst und wächst. Es wird immer größer, immer wacher, immer interessierter. Sieben Projekte, die auch zwischen all dem Gemeinsam-die-Welt-Entdecken gemacht werden können und dem Kleinling reichlich Spiel- und Bewegungsspaß bescheren.

sechs bis zwölf Monate

Kuschellandschaft

Diese Mehrfachkissenhüllen mit
Hotelverschluss sind schnell genäht
und werden im Handumdrehen
vom Sitz- zum Kuscheluniversum.
Einladend gemütlich.

Nähmaschine

Steck-
nadeln

ausreichend Stoff
Menge siehe Zeichnung

Stoffschere

beliebig viele
gleiche Kissen

Kante
umstecken ...

linke Stoffseite

Webkante

2

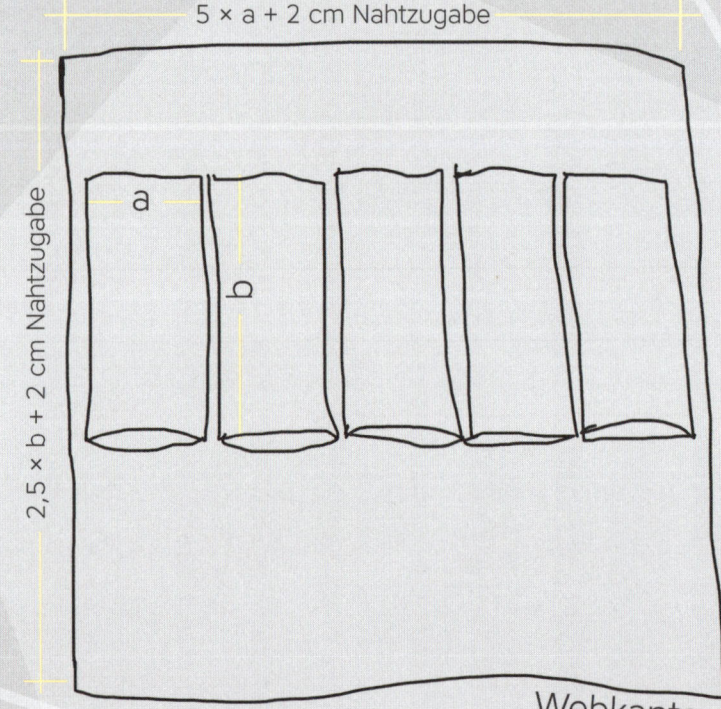

5 × a + 2 cm Nahtzugabe

a

b

2,5 × b + 2 cm Nahtzugabe

1

Webkante

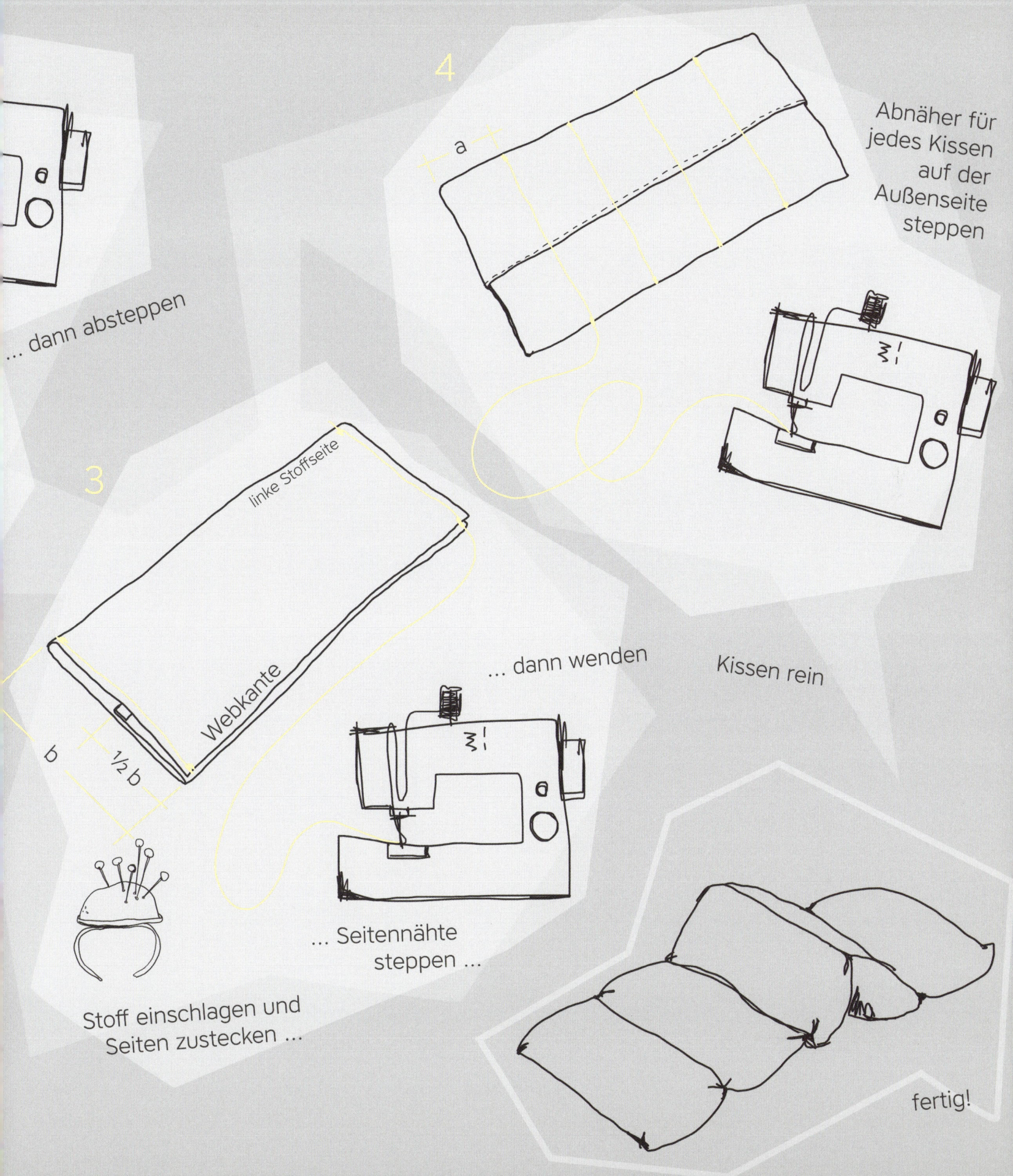

... dann absteppen

4

a

Abnäher für
jedes Kissen
auf der
Außenseite
steppen

3

linke Stoffseite

Webkante

b   ½ b

... dann wenden

Kissen rein

... Seitennähte
steppen ...

Stoff einschlagen und
Seiten zustecken ...

fertig!

Krabbellandschaft

Zum Austoben vor und nach dem Kuscheln. Große Schaumstoffblöcke und eine Rampe machen aus dem Wohnzimmer das absolute Krabbelparadies.

Blitztipp Stabilität
Blöcke mit einem Spanngurt am Auseinanderrutschen hindern.

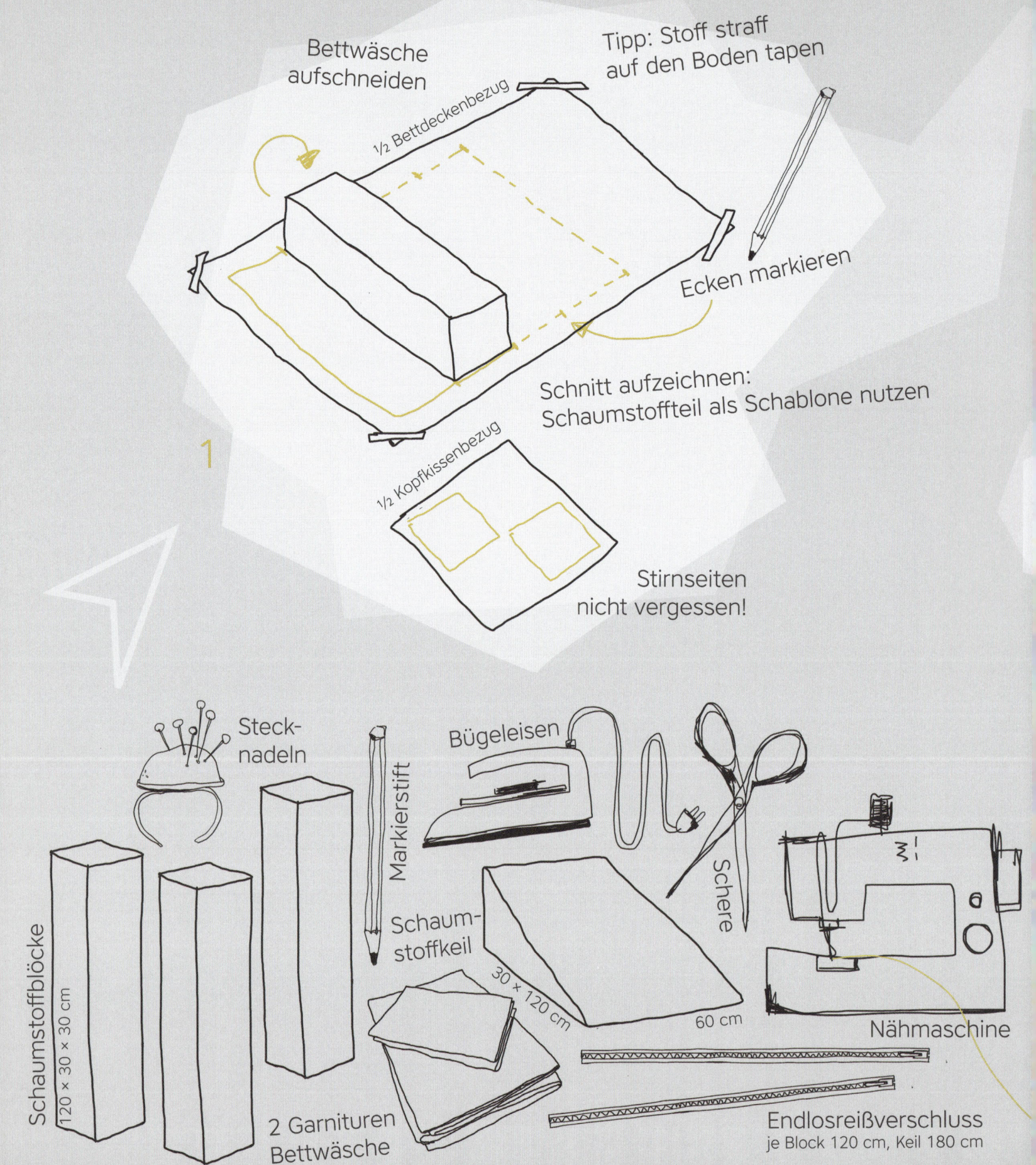

Bettwäsche aufschneiden

Tipp: Stoff straff auf den Boden tapen

½ Bettdeckenbezug

Ecken markieren

Schnitt aufzeichnen: Schaumstoffteil als Schablone nutzen

½ Kopfkissenbezug

Stirnseiten nicht vergessen!

1

Stecknadeln

Markierstift

Bügeleisen

Schere

Schaumstoffblöcke
120 × 30 × 30 cm

Schaumstoffkeil
30 × 120 cm
60 cm

2 Garnituren Bettwäsche

Nähmaschine

Endlosreißverschluss
je Block 120 cm, Keil 180 cm

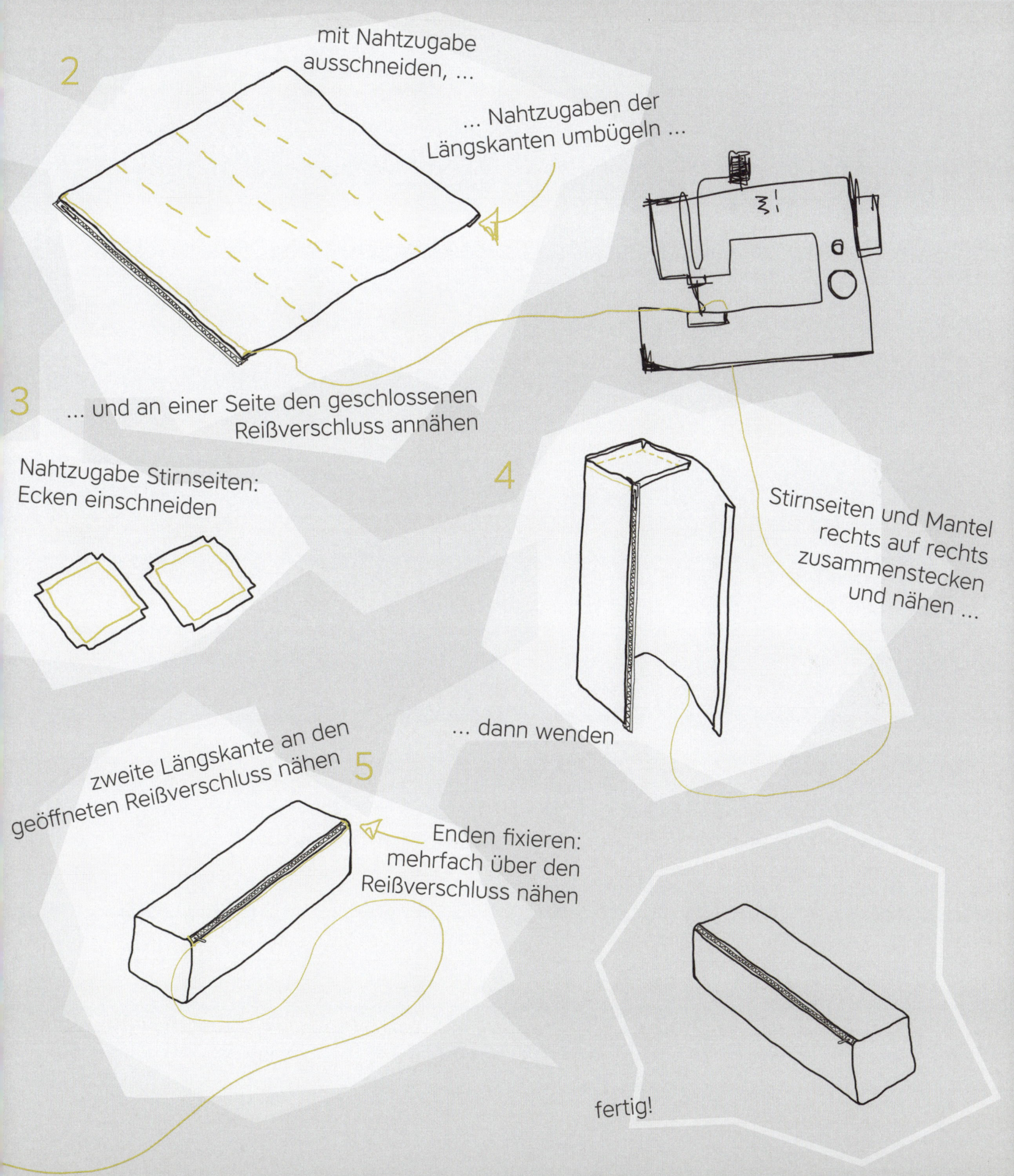

2 mit Nahtzugabe ausschneiden, ...

... Nahtzugaben der Längskanten umbügeln ...

3 ... und an einer Seite den geschlossenen Reißverschluss annähen

Nahtzugabe Stirnseiten: Ecken einschneiden

4

Stirnseiten und Mantel rechts auf rechts zusammenstecken und nähen ...

... dann wenden

zweite Längskante an den geöffneten Reißverschluss nähen

5

Enden fixieren: mehrfach über den Reißverschluss nähen

fertig!

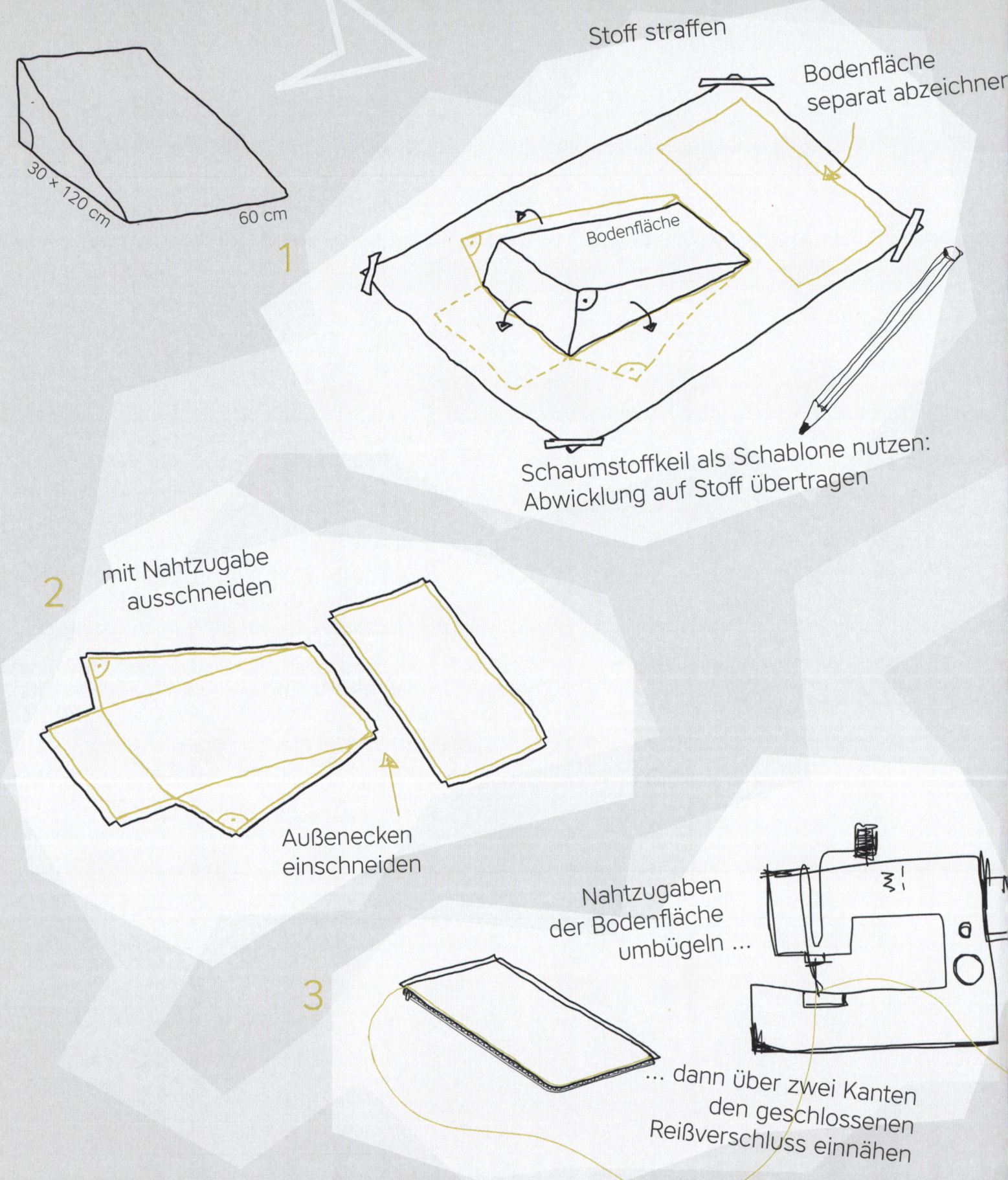

30 × 120 cm

60 cm

1

Stoff straffen

Bodenfläche
separat abzeichnen

Bodenfläche

Schaumstoffkeil als Schablone nutzen:
Abwicklung auf Stoff übertragen

2 mit Nahtzugabe
ausschneiden

Außenecken
einschneiden

Nahtzugaben
der Bodenfläche
umbügeln ...

3

... dann über zwei Kanten
den geschlossenen
Reißverschluss einnähen

rechts auf rechts

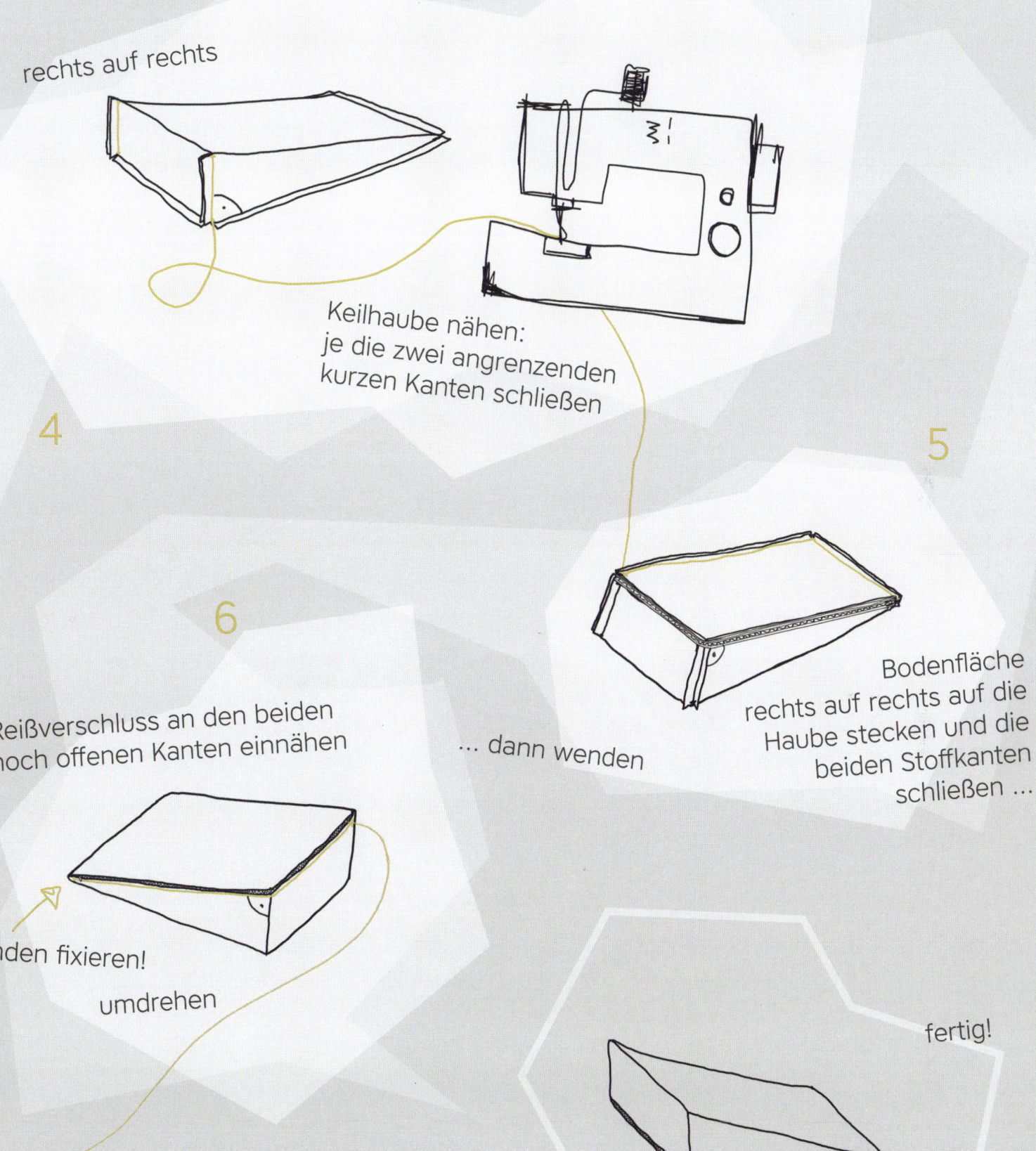

Keilhaube nähen:
je die zwei angrenzenden
kurzen Kanten schließen

4

5

6

Reißverschluss an den beiden
noch offenen Kanten einnähen

... dann wenden

Bodenfläche
rechts auf rechts auf die
Haube stecken und die
beiden Stoffkanten
schließen ...

Enden fixieren!

umdrehen

fertig!

Schublade auf
+
Krimskrams raus
=
Ui! Boah!

Papierballon
+
Farbe
=
schönes Licht

Bündchenware
+
Plusterfarbe
=
Knieschoner

Spielmobil

Spätestens mit den ersten Schritten, aber meistens schon lange vorher, werden ziehbare Objekte interessant. In diesem hier kann auch das Stofftier eine Fahrt unternehmen, ohne dass man um empfindliche Möbel fürchten muss. Ein Wagen aus Filz, auf ein Brotzeitbrettchen montiert. Die Neuinterpretation eines Klassikers.

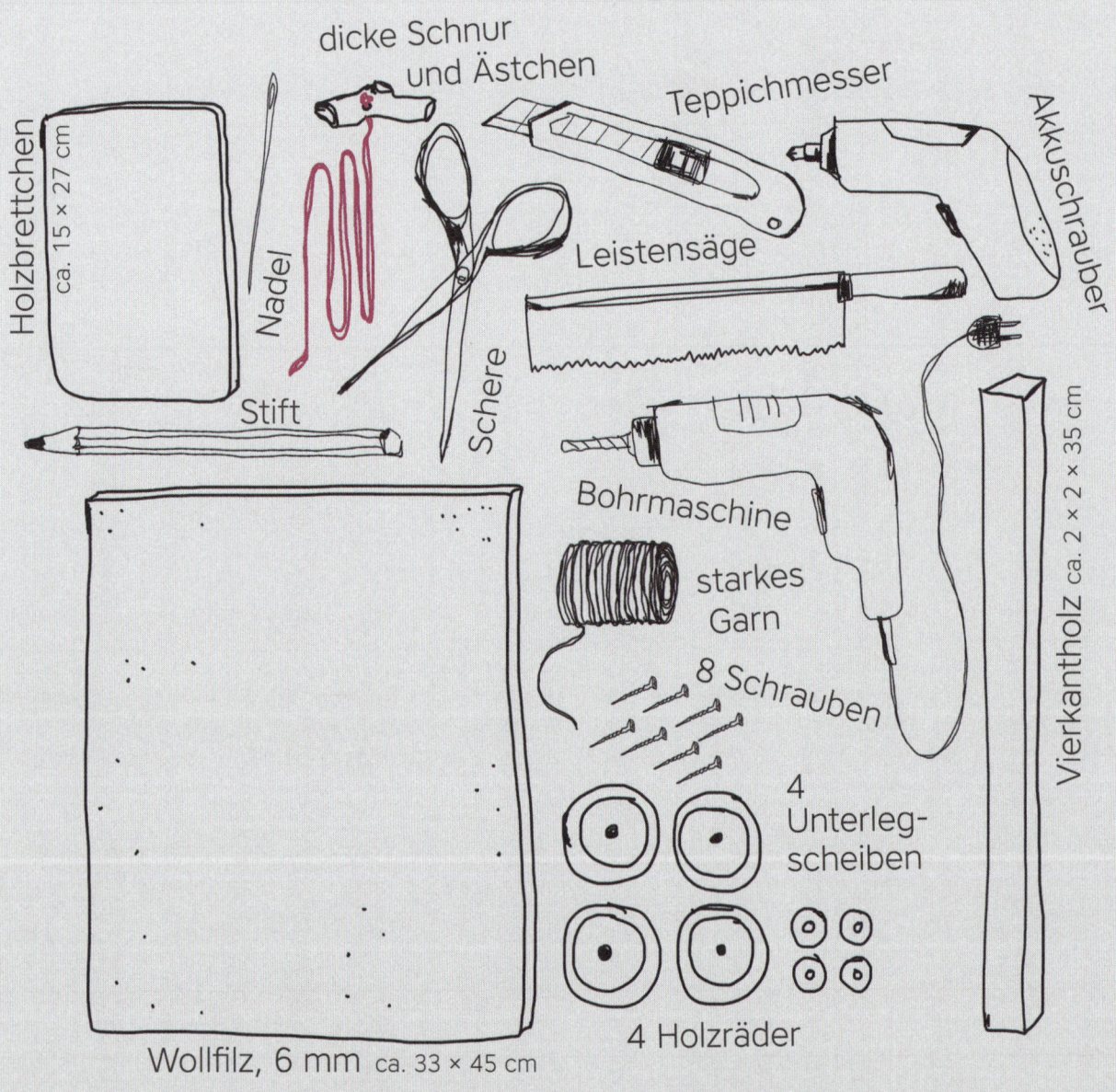

Holzbrettchen ca. 15 × 27 cm

dicke Schnur und Ästchen

Teppichmesser

Akkuschrauber

Nadel

Leistensäge

Stift

Schere

Bohrmaschine

starkes Garn

8 Schrauben

Vierkantholz ca. 2 × 2 × 35 cm

4 Unterlegscheiben

Wollfilz, 6 mm ca. 33 × 45 cm

4 Holzräder

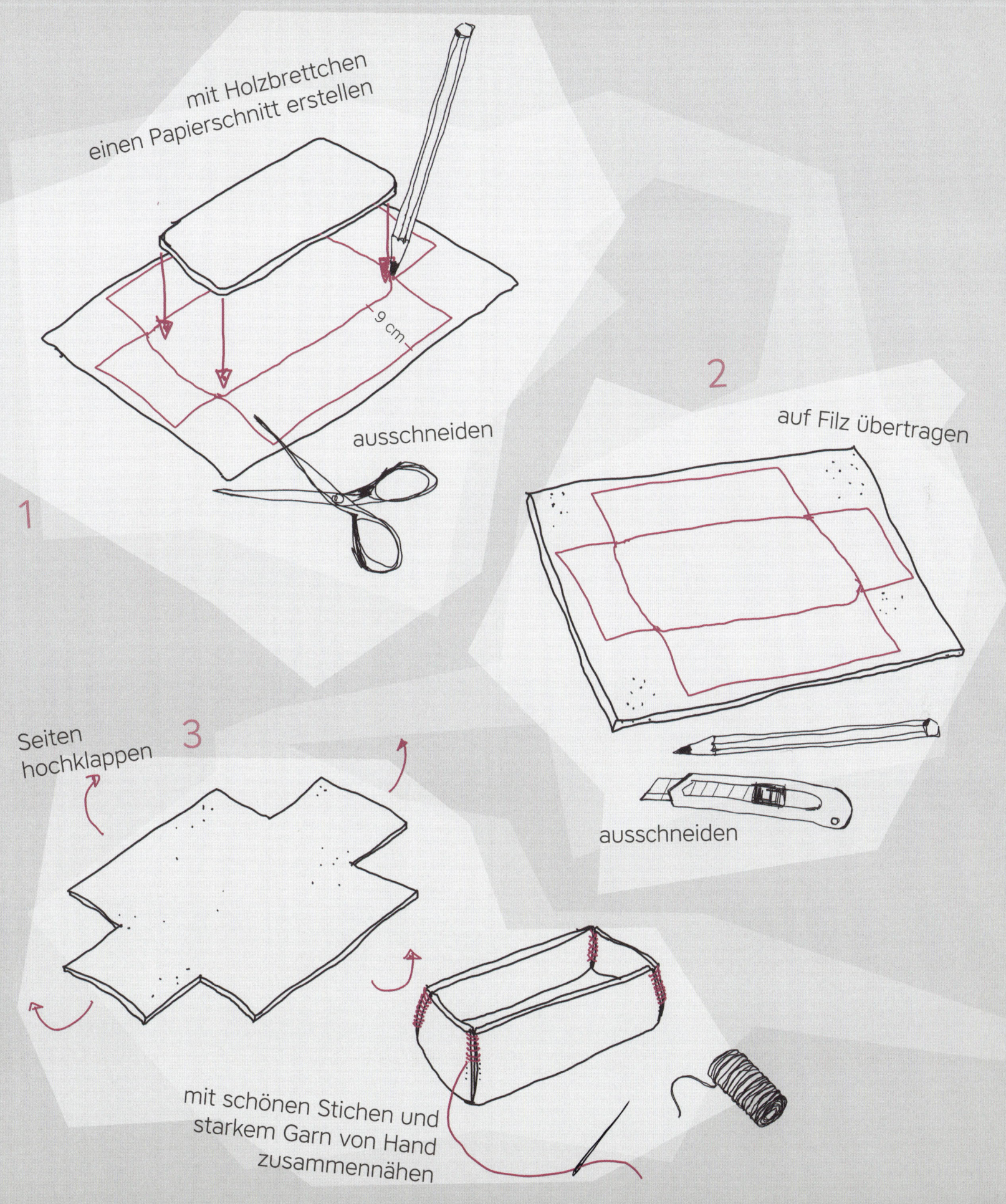

mit Holzbrettchen
einen Papierschnitt erstellen

9 cm

ausschneiden

1

2

auf Filz übertragen

ausschneiden

Seiten
hochklappen

3

mit schönen Stichen und
starkem Garn von Hand
zusammennähen

zwei Achsen aus
dem Vierkantholz sägen

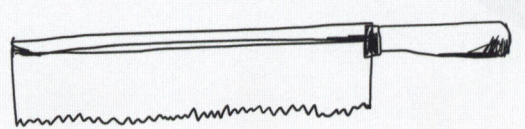

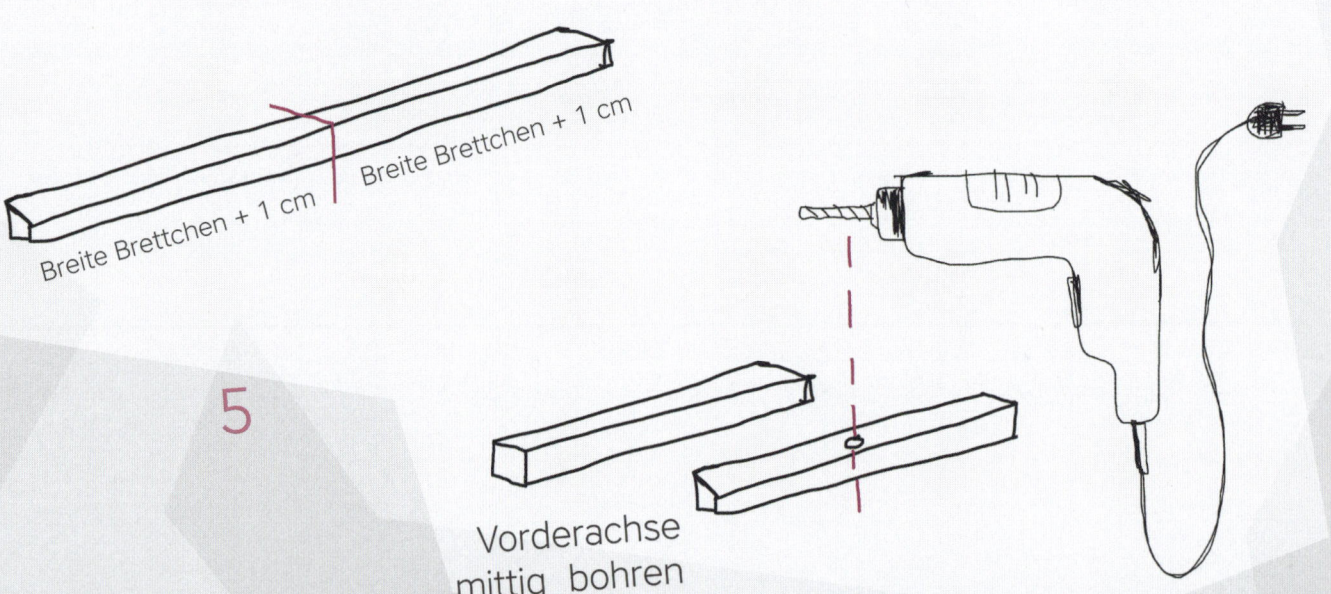

Breite Brettchen + 1 cm

Breite Brettchen + 1 cm

5

Vorderachse
mittig bohren

6

Holzbrettchen
bunt streichen

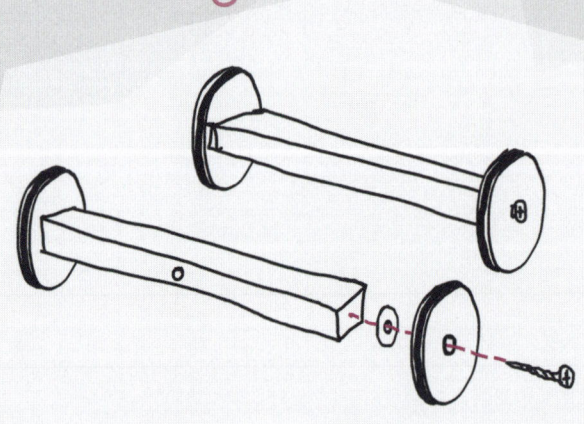

Räder anschrauben.
Unterlegscheibe nicht vergessen!

4

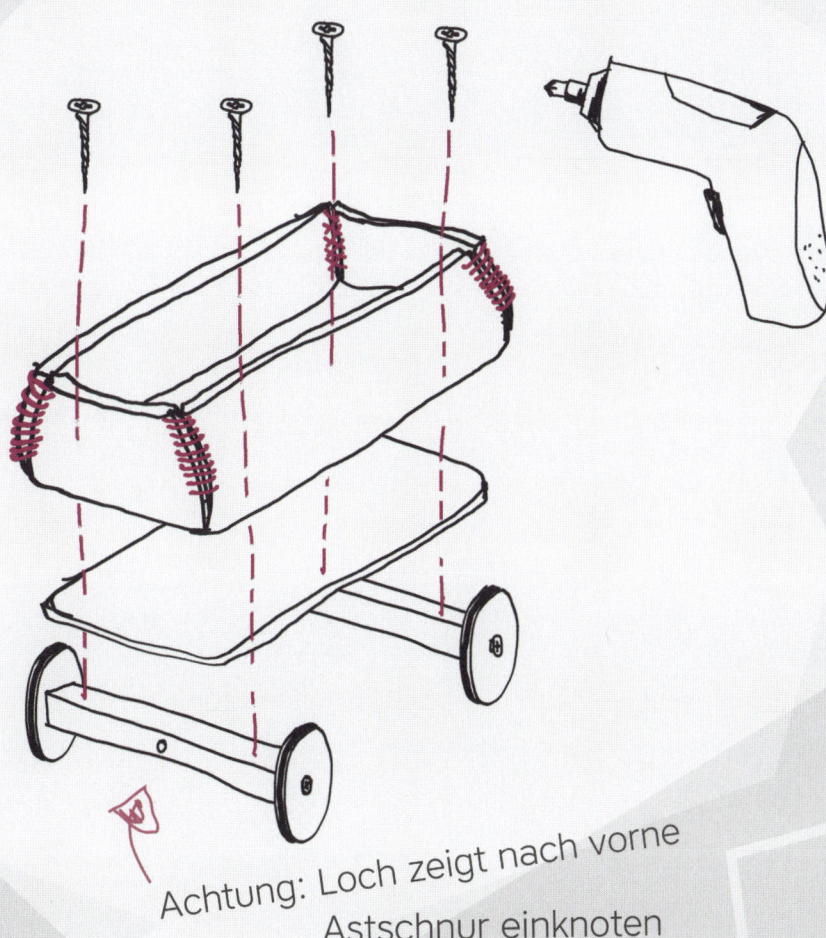

Achtung: Loch zeigt nach vorne

Astschnur einknoten

7

fertig!

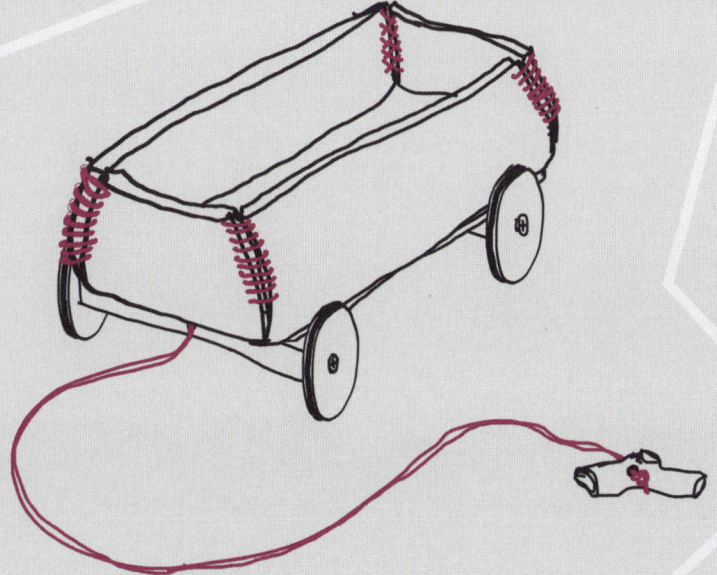

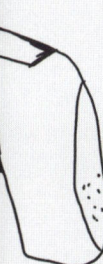

Bauklötze

Aufklotzen, aufmotzen, aufstocken.
Es gibt kein Zuviel bei Bausteinen.
Auf Flohmärkten findet man auch
große Mengen günstig, nur leider
meistens hässlich. Wir sagen mit
speichelfestem Lack den Primärfarben
den Kampf an, zeichnen Muster mit
dem Brennstift, feilen, sägen, bohren
und erweitern kreativ das Baustofflager
mit Spezialmaterial. Für die besten
Luftschlösser und Wolkenkuckucksheime.

SAINT-TROPEZ

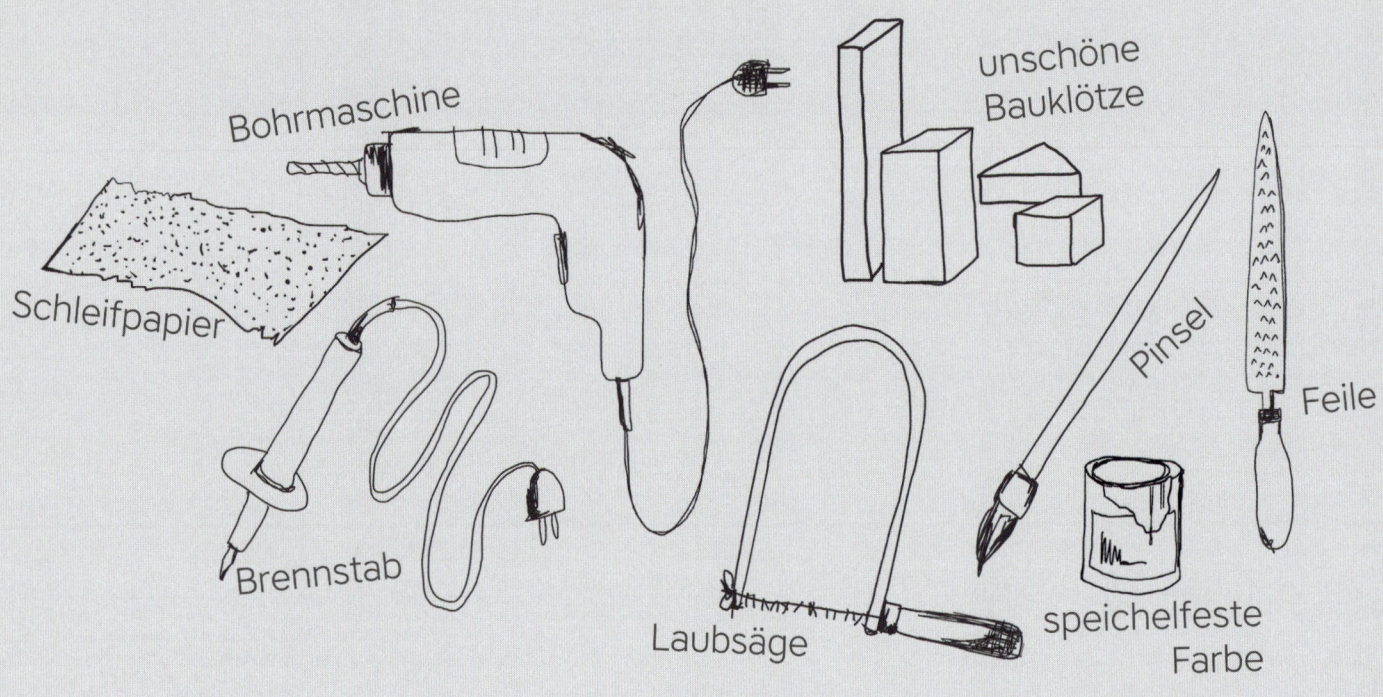

Schleifpapier

Bohrmaschine

unschöne
Bauklötze

Pinsel

Feile

Brennstab

Laubsäge

speichelfeste
Farbe

einfach schön färben

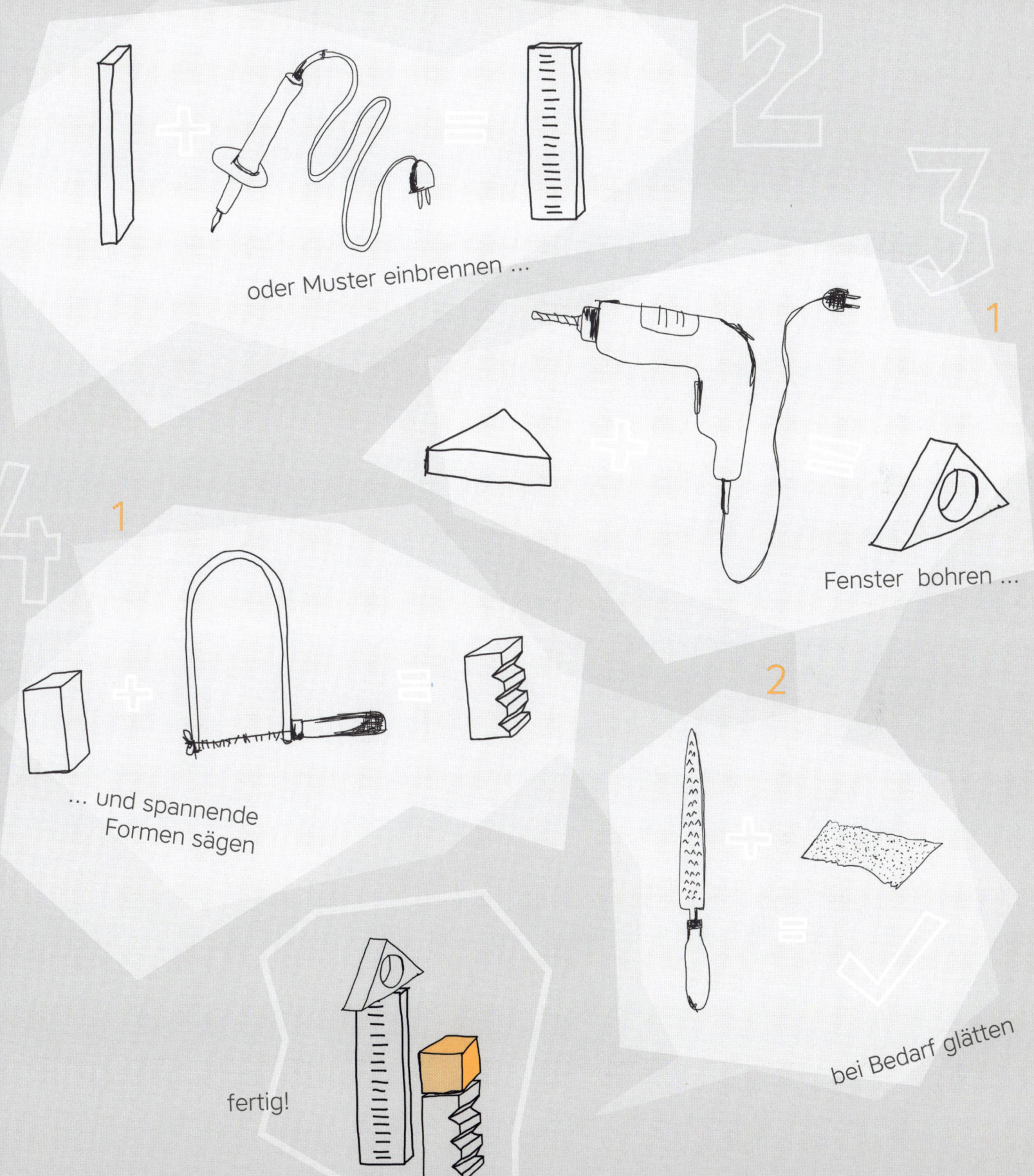

oder Muster einbrennen ...

Fenster bohren ...

... und spannende
Formen sägen

bei Bedarf glätten

fertig!

Tragegriffteile

Nussschalen

Spielsteine

Dominosteine

Holzabfälle

Dekoschnickschnack

Steine

große Perlen

Fundstücke

einfache hölzerne Bauklötze mit Brennstift bemalen

Kastanien

noch mehr
Bauklötze

Mit sechs bis zwölf Monaten
sind die kleinen Hände bereit für
eine Musikantenausrüstung: Eine
Rassel schamanischer Herkunft,
eine leicht zu bedienende
Trommel und ein sanft
rauschender Regenmacher
werden aus überraschenden
Alltagsgegenständen gezaubert.
Chachacha!

Rhythmusgruppe

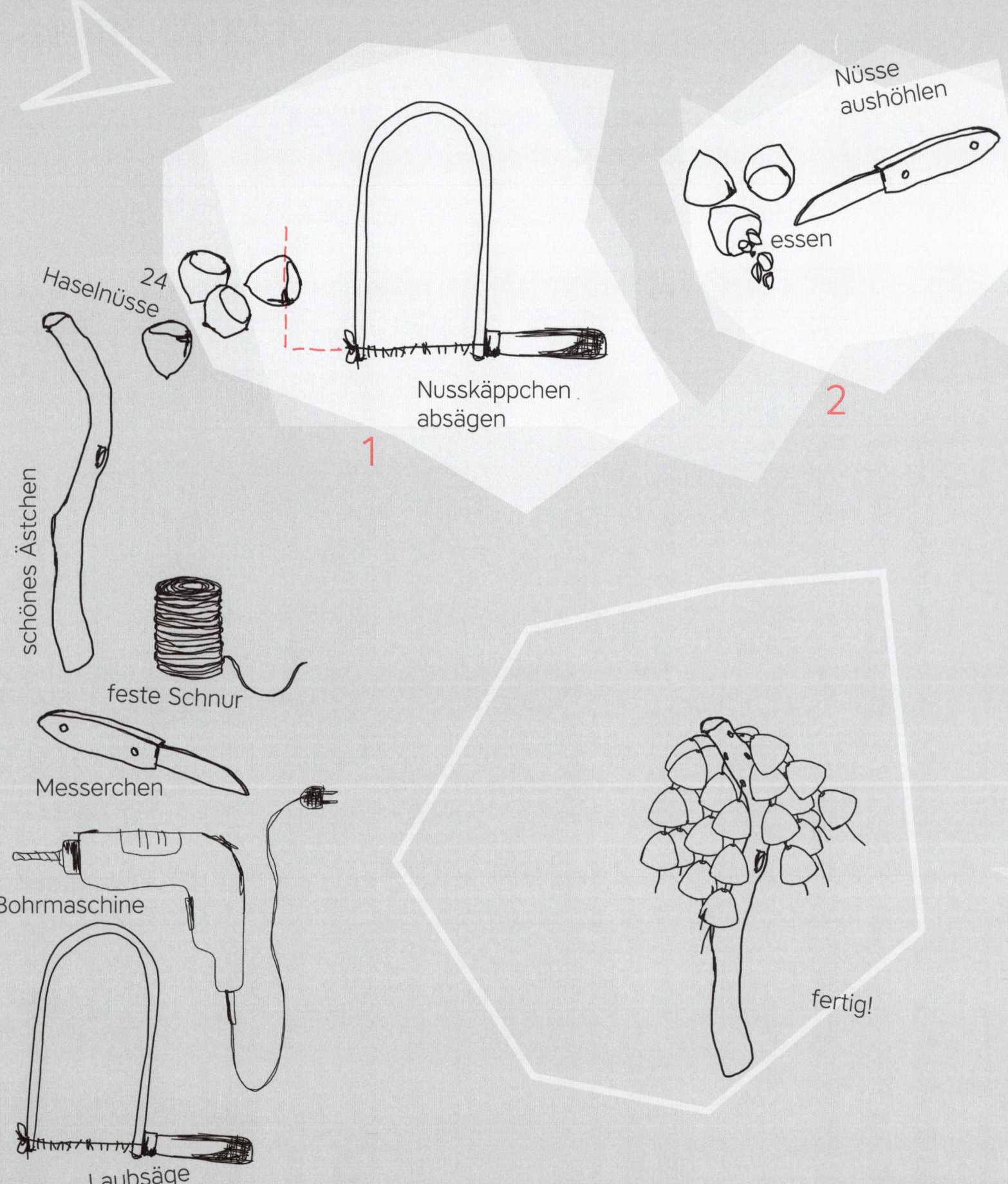

Nüsse
aushöhlen

essen

2

24
Haselnüsse

Nusskäppchen
absägen

1

schönes Ästchen

feste Schnur

Messerchen

Bohrmaschine

Laubsäge

fertig!

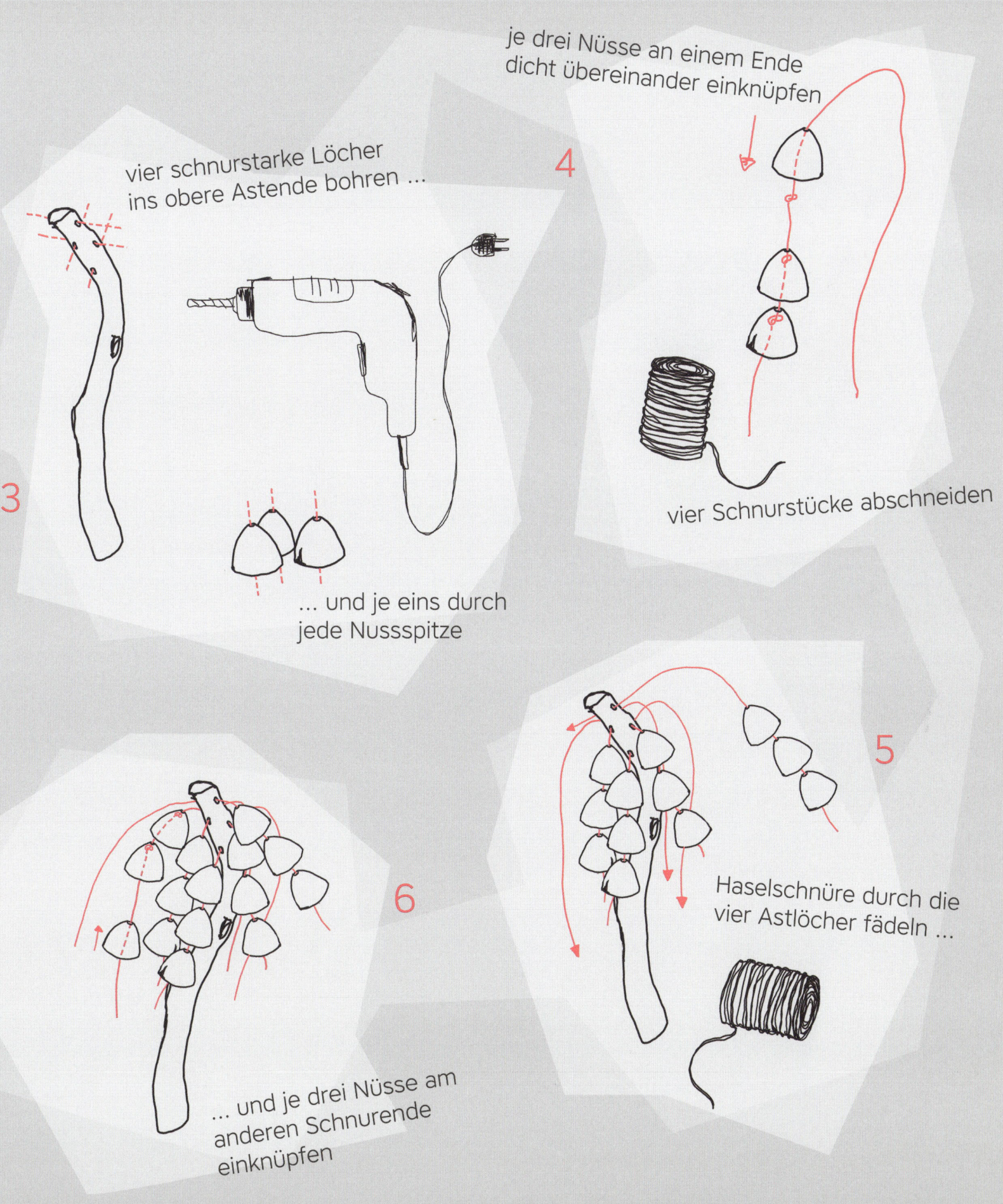

vier schnurstarke Löcher
ins obere Astende bohren ...

3

... und je eins durch
jede Nussspitze

4

je drei Nüsse an einem Ende
dicht übereinander einknüpfen

vier Schnurstücke abschneiden

5

Haselschnüre durch die
vier Astlöcher fädeln ...

6

... und je drei Nüsse am
anderen Schnurende
einknüpfen

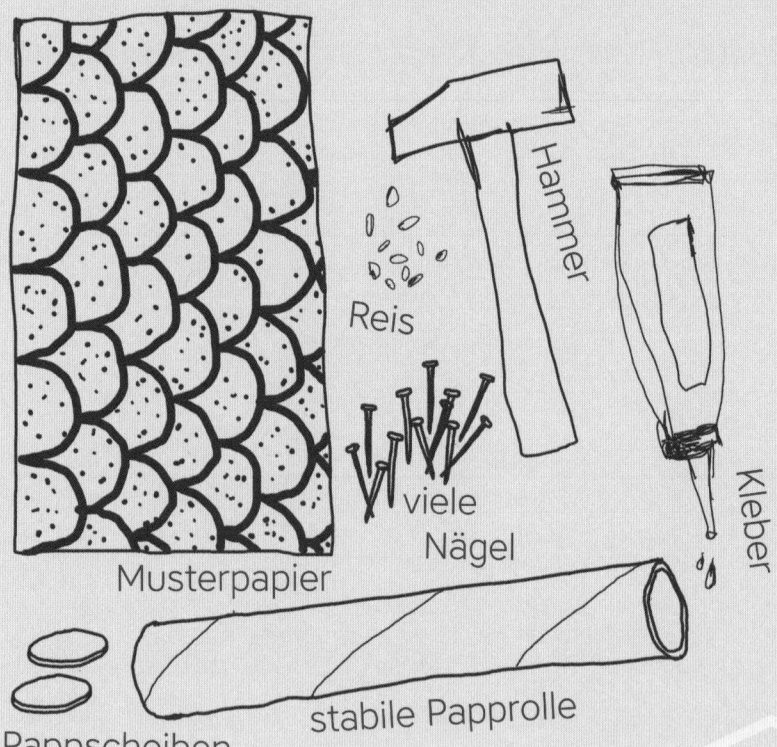

Musterpapier

Reis

Hammer

viele Nägel

Kleber

Pappscheiben

stabile Papprolle

1

fertig!

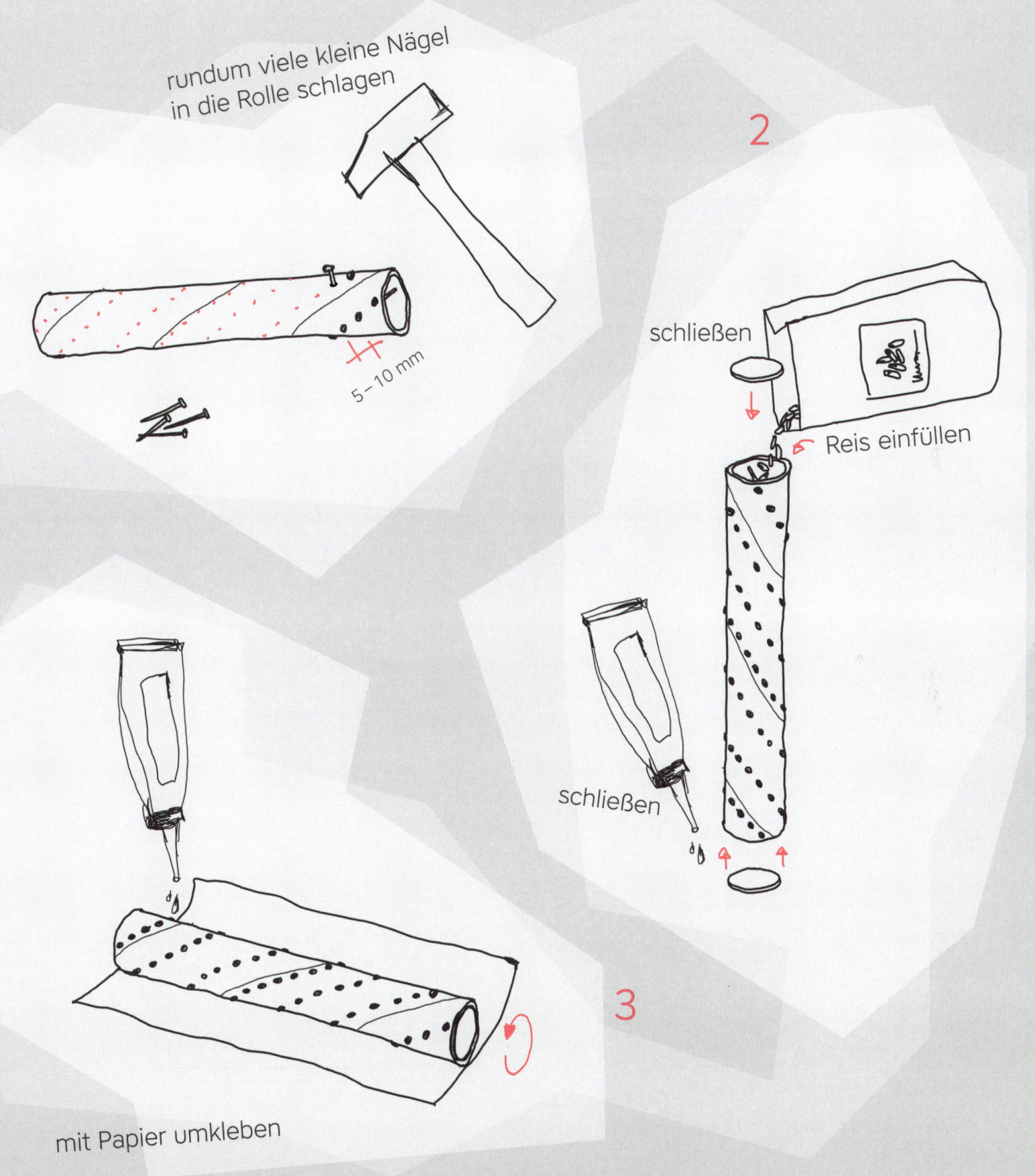

rundum viele kleine Nägel
in die Rolle schlagen

2

5 – 10 mm

schließen

Reis einfüllen

schließen

3

mit Papier umkleben

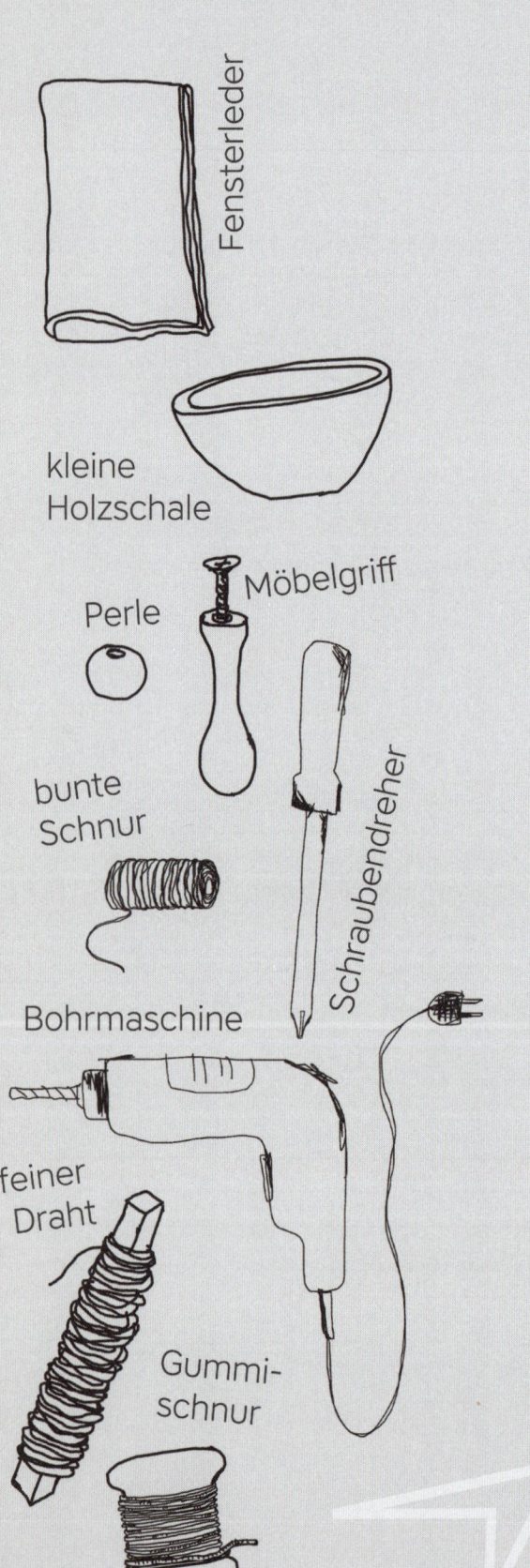

Fensterleder

kleine
Holzschale

Perle Möbelgriff

bunte
Schnur

Schraubendreher

Bohrmaschine

feiner
Draht

Gummi-
schnur

fertig!

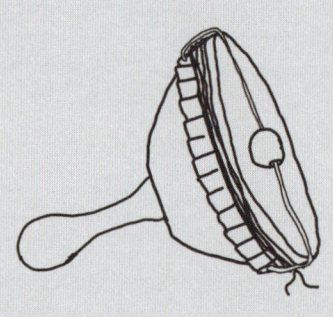

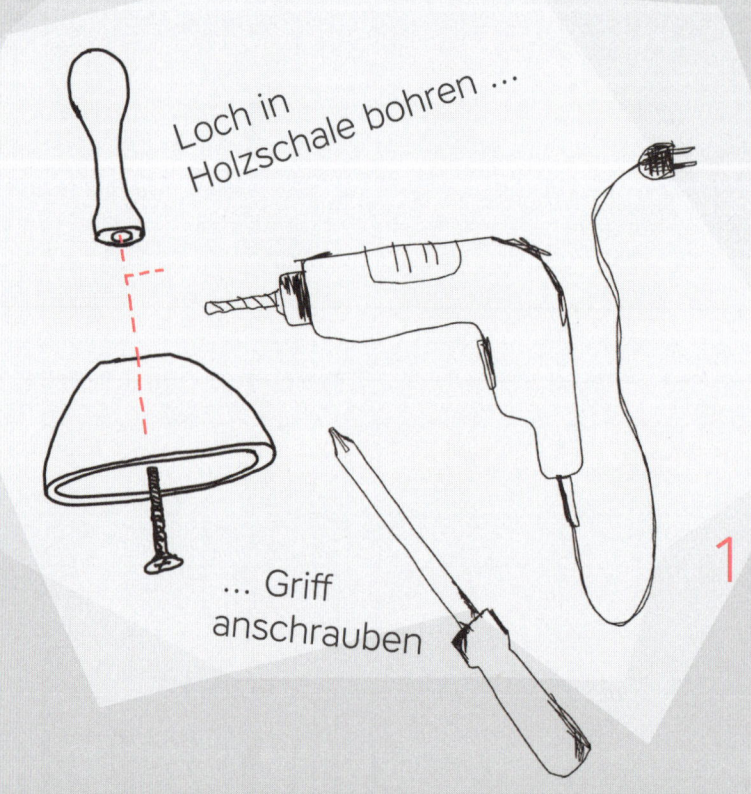

Loch in
Holzschale bohren ...

... Griff
anschrauben

1

... Gummischnur am Draht befestigen,
beides durch Trommel ziehen

Perle auf Schnur fädeln,
verknoten ...

5

... Knoten ins
Trommelinnere
ziehen

gegenüberliegend
zwei kleine
Löcher bohren ...

... ein Stück Draht
durchführen ...

4

Fensterleder
nass machen ...

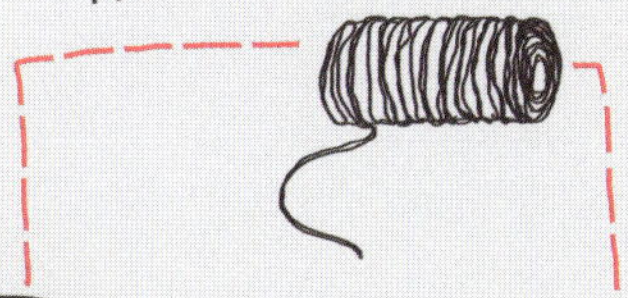

... mit der Schnur
mehrfach umwickeln und verknoten

trocknen lassen
Überstände abschneiden

2

3

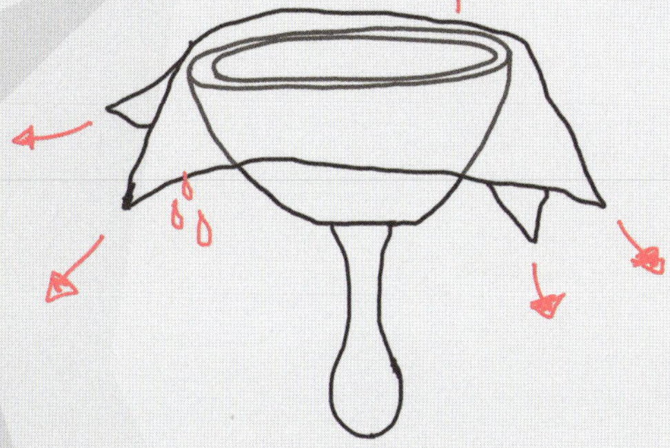

... über die Schale
spannen ...

Weil Schaukeln für kleine Sitzlinge ein Riesenspaß
ist, wird kurzerhand ein günstiges, weit verbreitetes
Hochstuhlmodell zur sicheren Kleinkindschaukel
umgerüstet.

Schaukelstuhl

Blitztipp Frischluft
Diese Schaukel wird mit Kunststoffseilen wetterfest.

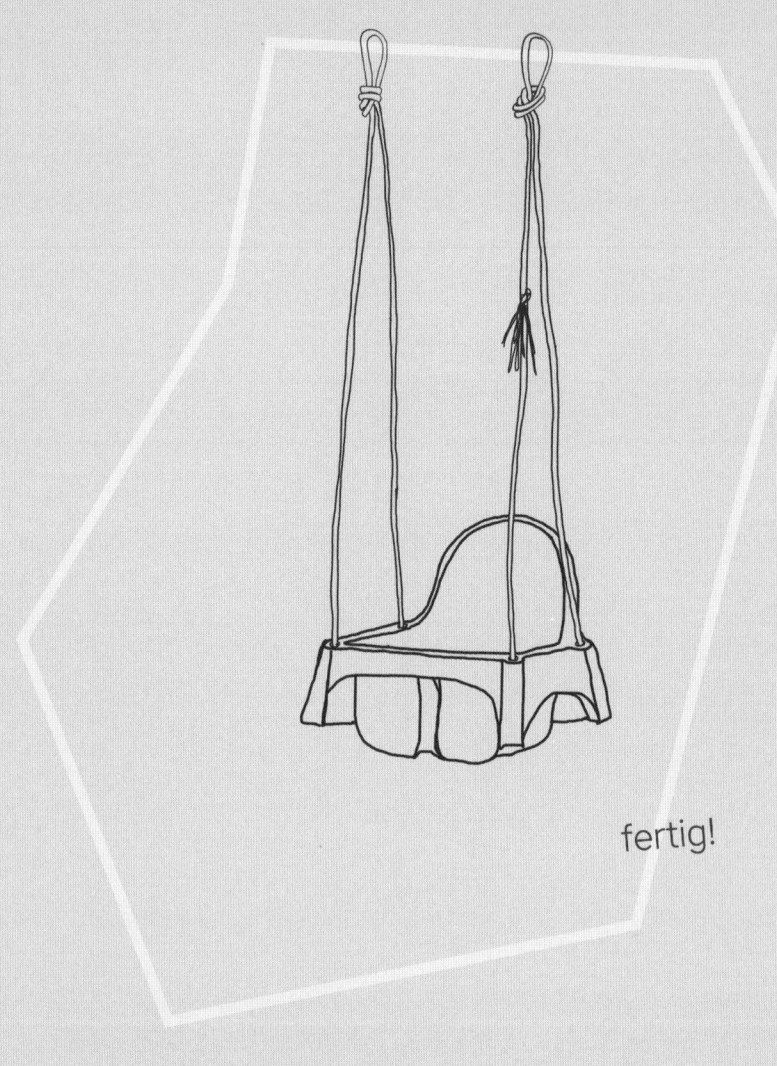

fertig!

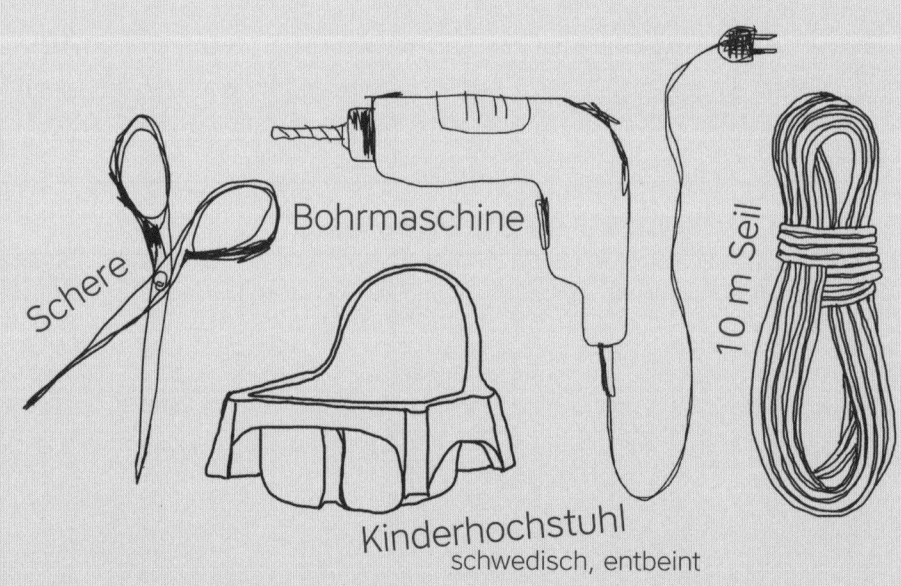

Schere

Bohrmaschine

10 m Seil

Kinderhochstuhl
schwedisch, entbeint

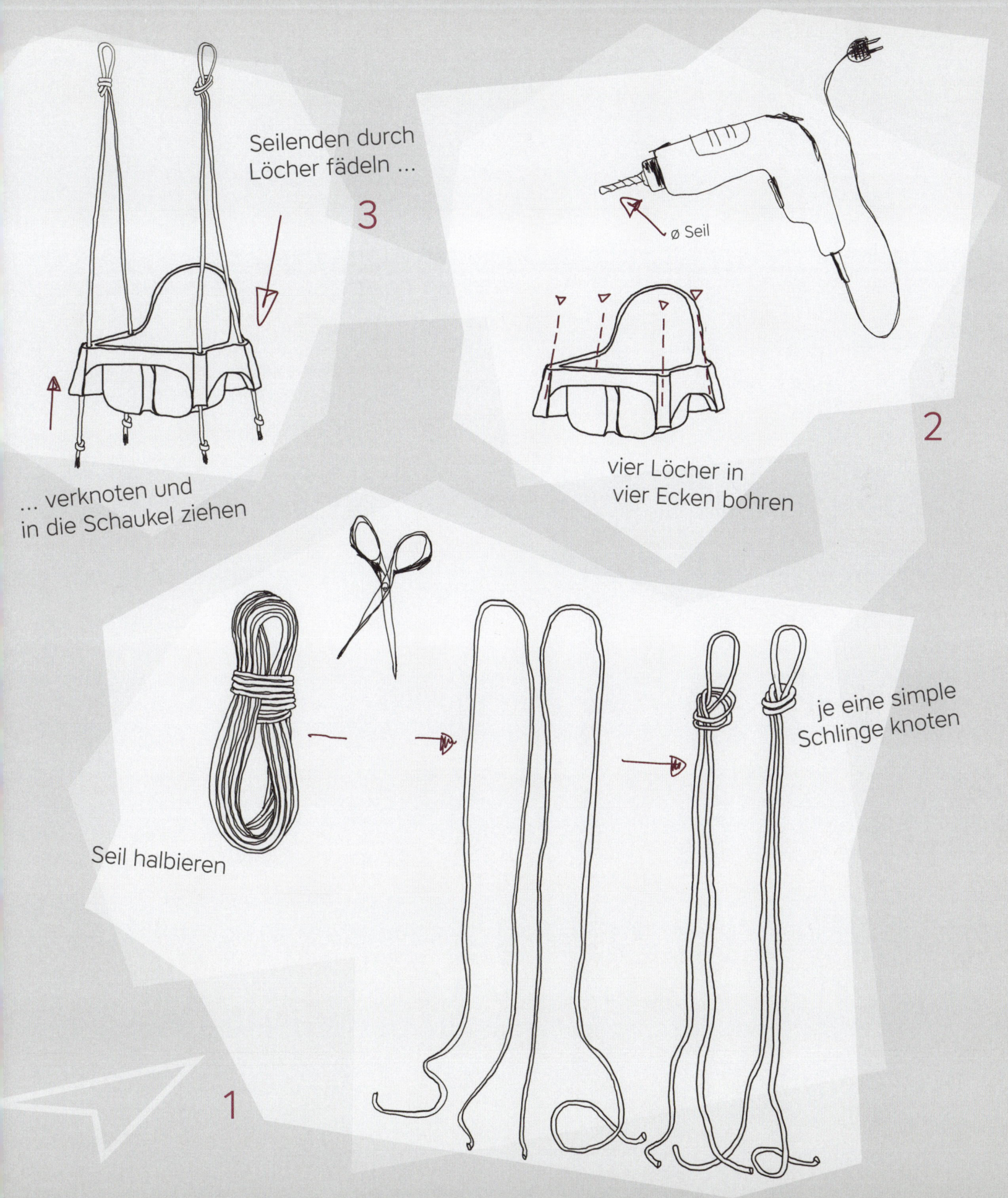

Seilenden durch
Löcher fädeln ...

3

ø Seil

2

vier Löcher in
vier Ecken bohren

... verknoten und
in die Schaukel ziehen

je eine simple
Schlinge knoten

Seil halbieren

1

Übergangswetter: Der dicke
Fußsack ist zu warm, ganz ohne
wäre es aber doch zu kalt. Ein
paar Löcher, Schnitte und Nähte
an den richtigen Stellen in einer
ausgedienten Sofadecke schaffen
Abhilfe und machen den Buggy
zur Sänfte.

Einschlagdecke

2

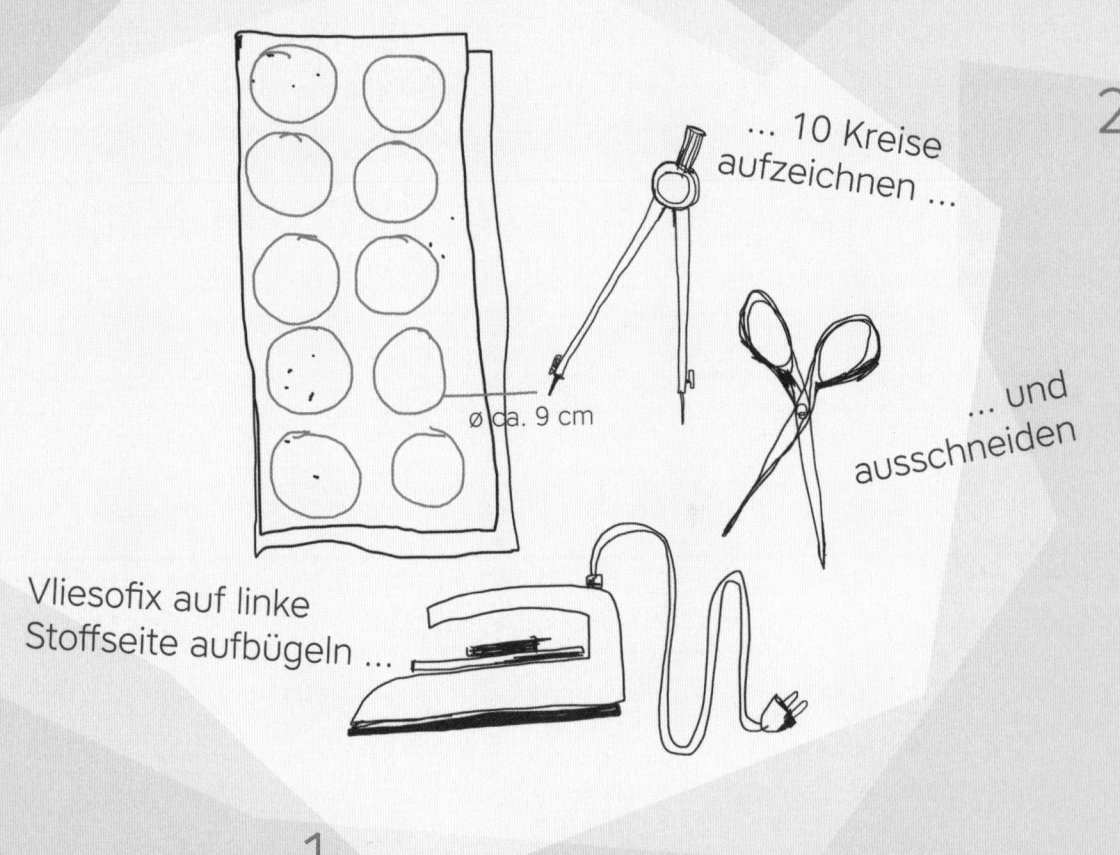

... 10 Kreise aufzeichnen ...

ø ca. 9 cm

... und ausschneiden

Vliesofix auf linke Stoffseite aufbügeln ...

1

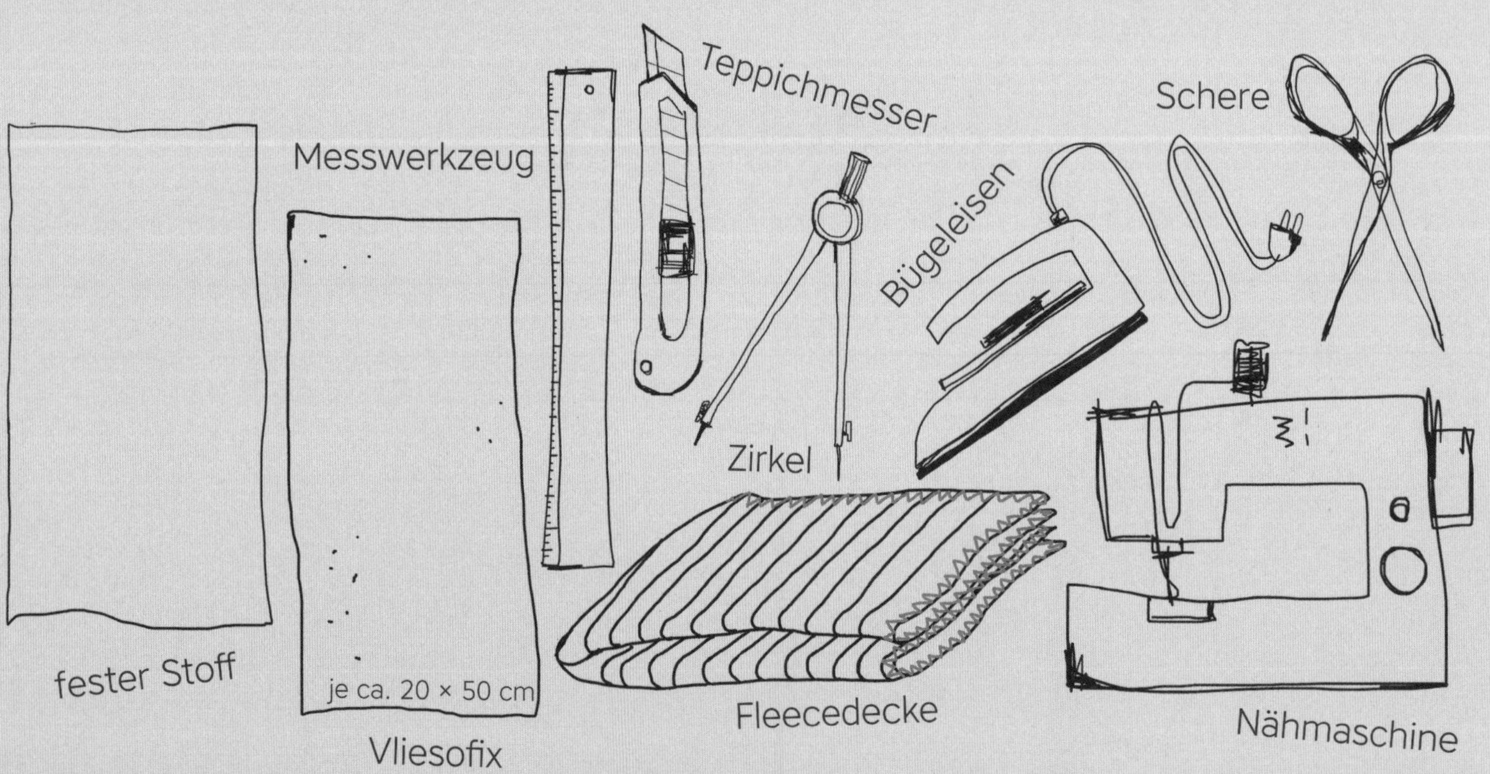

fester Stoff

Vliesofix

je ca. 20 × 50 cm

Messwerkzeug

Teppichmesser

Zirkel

Bügeleisen

Schere

Fleecedecke

Nähmaschine

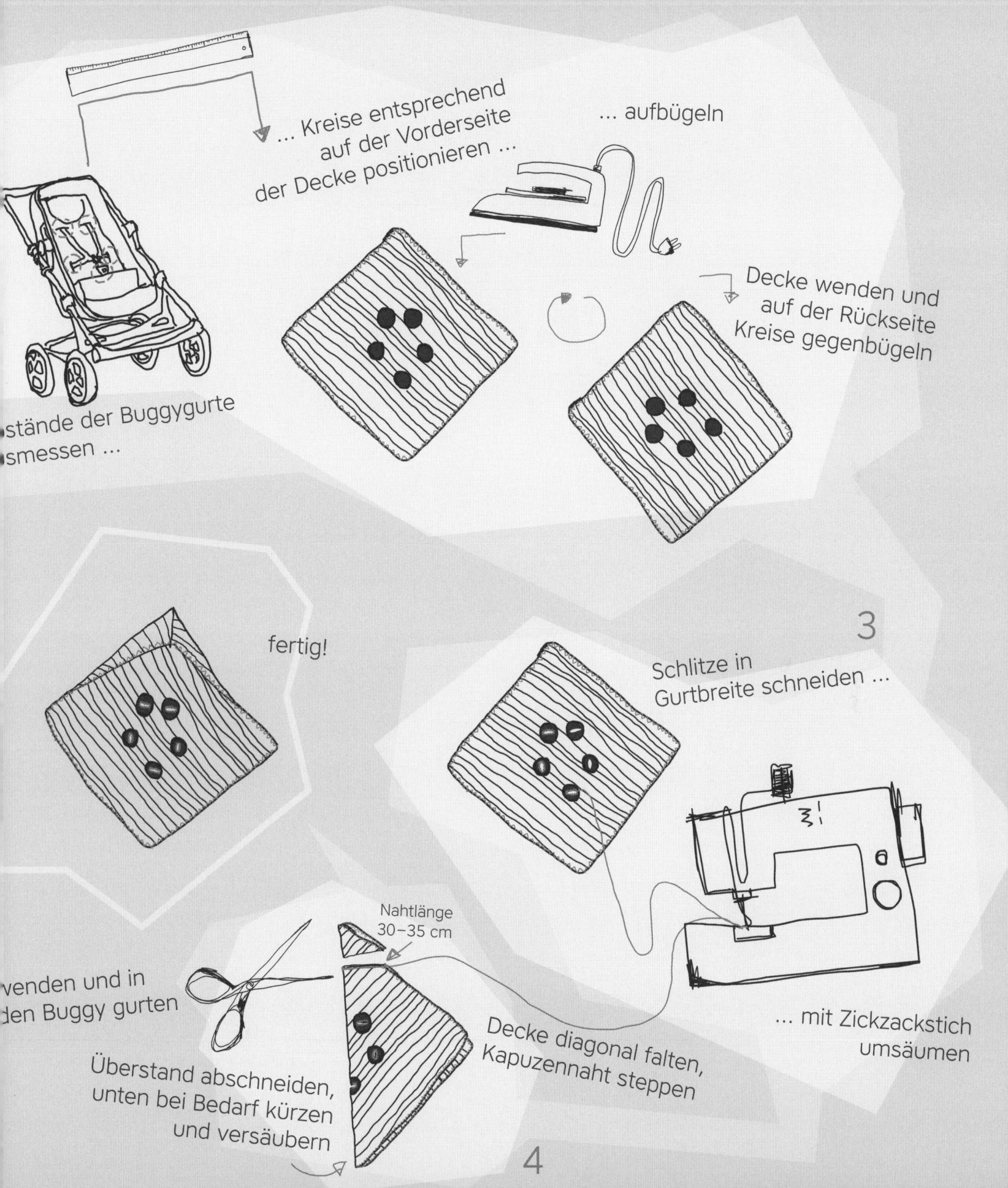

... Kreise entsprechend auf der Vorderseite der Decke positionieren ...

... aufbügeln

Decke wenden und auf der Rückseite Kreise gegenbügeln

...stände der Buggygurte ...smessen ...

fertig!

3

Schlitze in Gurtbreite schneiden ...

...venden und in ...den Buggy gurten

Nahtlänge 30–35 cm

Überstand abschneiden, unten bei Bedarf kürzen und versäubern

Decke diagonal falten, Kapuzennaht steppen

... mit Zickzackstich umsäumen

4

Population

3 Rezepte für Minis

Popolotion

Für empfindliche Haut: eine Popolotion aus ganz wenigen natürlichen Zutaten selbst ange-
rührt. Ohne Konservierungshilfe in kleinen Mengen für eine Woche, mit Konservierungshilfe
haltbar gemacht für ein bis drei Monate.

20 g Mandelöl auf 70 °C erhitzen, 5 g Tegomuls im Öl schmelzen, 75 ml abgekochtes destilliertes Wasser einrühren und so lange weiterrühren, bis alles nur noch handwarm ist.

Für eine ebenso unbedenkliche, aber haltbarere Version 10 % des Wassers durch reinen
Weingeist (96,5 %) ersetzen, also nur 67 ml abgekochtes destilliertes Wasser einrühren,
und nach dem Abkühlen auf Handwärme 8 ml Weingeist unterrühren. In verschließbarem
Gläschen aufbewahren.

Joghurtdrops

Wenn die ersten Zähnchen kommen, kann Kühlung gut tun. Und eine kleine Nascherei auch. Diese coolen Joghurtdrops sind beides, kühl und naschbar. Einfach Joghurt auf den Deckel eines Lebensmitteldöschens tropfen, Dose drüber stülpen und einfrieren. Für ein bisschen Geschmack vorher zuckerfreien Obstbabybrei unter den Joghurt mischen.

Erstkeks

Schnell gemacht, gesund und dafür überraschend gut: ein super Rezept für den ersten Keks.

500 g Dinkelmehl mit 125 g weicher Butter und zwei zerdrückten Bananen verkneten. 2 fein geraspelte Karotten und 3 EL gerösteten Sesam unterkneten und in eine für Babyfäustchen geeignete Form bringen (zum Beispiel Stäbchen rollen oder Streifen schneiden) und 20 – 23 Minuten bei 200 °C backen. Rausholen, solange sie noch recht hell sind, sonst werden sie fürs Baby zu hart.

Weiße Baumwollwindeln werden nach Packungsanweisung bunt gefärbt. Für einen Dip-Dying-Effekt das Tuch nur zur Hälfte in den Farbeimer hängen und alle 10 Minuten ein Stückchen weit herausziehen. Für Mehrfarbigkeit das Tuch gleichzeitig oder hintereinander zur Hälfte in unterschiedliche Färbebäder hängen.

Ein Stoffstück in einem der Handtuchrolle entsprechenden Maß (ca. 45 × 90 cm) rundum säumen. Handtuch aufrollen, mit Stoff umwickeln und mit einer schönen Webbandschleife zuknoten.

Sechs Abschnitte Webband von jeweils 25 cm an den entsprechenden Positionen auf der Naht des Stillkissenbezuge festnähen.

Kurzanleitungen

In einen breiten Tuchschal entlang der oberen Kante Druckknöpfe einschlagen, so dass er ab der Schulter geschlossen werden kann.

Tragetuch um einen Tisch hängen und doppelt verknoten, Babyhängematte fertig. Auch im Park oder anderswo finden sich geeignete Aufhängemöglichkeiten.

Meterstab dabei haben und Spielzeuge, die sich zum Aufhängen eignen. Über zwei Stühle legen, Baby dazwischen. Meterstab unbedingt beschweren.

Interessante Alltagsgegenstände suchen. Ganz toll sind kleine Wasserflaschen, die mit Wasser, Schaschlikstäbchen, Federn oder Perlen gefüllt und gut (!) zugeschraubt werden. Backutensilien aus Silikon: Förmchen, Pinsel, Untersetzer. Nicht scharfe Utensilien wie Schneebesen, Schraubdeckel, Nagelbürste, Lockenwickler, Zehentrenner, Eiswürfelformen, Vorratsdosen, Trichter …

Eine Papierlampe aus Schweden, äh, China, ach egal, wird mit wasserverdünnter Acrylfarbe am oberen Pol angemalt. Dafür am besten die Lampe auf den Kopf gestellt halten, damit keine Farbe auf den weißen Teil tropfen kann. Besonders schön, wenn man dabei versucht, den Dip-Dying-Effekt zu fälschen, indem man die Farbe mehr und mehr verdünnt.

Ein Stück Bündchenware von 33 × 18 cm in Rippenrichtung zusammennähen. Den Schlauch wenden und beide Schnittkanten, die obere und die untere, so nach innen umschlagen, dass der Stoff komplett dreifach liegt und nur noch 11 cm hoch ist. Die drei Lagen entlang der Kanten mit Zickzackstich fixieren. Mit Sockenstoppfarbe Muster aufschablonieren (Malerkrepp!).

Bezugsadressen:

Den Stuhl von Seite 31 und den Tisch von Seite 137 bekommt man bei www.steckstuhl.de.

Die Handtaschen von Seite 89 stammen aus Ruanda und können über den Verein Ruandahilfe e.V. bezogen werden. Durch den Verkauf wird ruandischen Mädchen eine Schneiderlehre finanziert. www.ruandahilfe.de

Stoff mit hochwertigem Digitaldruck kann man individuell bei www.stoffschmie.de anfertigen lassen.

Zutaten für selbstgerührte Kosmetik und hilfreiche Tipps gibt es bei www.brennessel-muenchen.de.

Tees und Kräuter verkauft der Wurzel-Sepp: www.phytofit.de.

Springerlemodel findet man bei www.springerle.com.

Die praktischen Holzkästen fürs Utensilo stammen von www.boesner.com, sie heißen Casani.

Alles andere haben wir vom Flohmarkt, aus einem schwedischen Möbelhaus, vom Architektenbedarf oder aus dem Baumarkt, Angelbedarf, Haushaltswarengeschäft, Handarbeitsbedarf ...

an unsere Männer Alex und Josef

an unsere Familien
Monika und Klaus Steiger
Evamaria und Gurli Bauer

an Petra Wallner
an Merle Leopold

an Erna und Lanah Cleemann
an Tine und Lina Garn
an Katja und Vilma Janke

an Melanie Goldbach und Christine Kueßner,
Daniela Heisel, Manuela Hentschel,
Annamaria Leiste, Vanessa Schricker-Heinke,
Franziska Storz, Saskia Wagner

für Unterstützung an
Matthias Goppel, Steckstuhl.de
Stoffschmie.de
Brennessel.de

an Heidi Müller, Sabine Fels
und den Haupt Verlag

Idee: Carla Mayerhofer, D-München
Illustrationen: Lea Klein, D-Flörsheim-Dalsheim
Konzept, Projekte, Gestaltung,
Satz und Fotografie:
Lea Klein und Carla Mayerhofer
Foto Seite 8: Josef Mayerhofer

Lektorat: Sabine Fels, D-Simmozheim

Bibliografische Information der Deutschen
Nationalbibliothek:
Die Deutsche Nationalbibliothek verzeichnet
diese Publikation in der Deutschen National-
bibliografie; detaillierte bibliografische Daten
sind im Internet über
http://dnb.dnb.de abrufbar.

ISBN: 978-3-258-60115-1

Gedruckt in Deutschland

FSC
MIX
Papier aus verantwor-
tungsvollen Quellen
FSC® C012425
www.fsc.org

Wünschen Sie regelmäßig Informationen über
unsere neuen Titel zum Gestalten? Möchten
Sie uns zu einem Buch ein Feedback geben?
Haben Sie Anregungen für unser Programm?
Dann besuchen Sie uns im Internet auf
www.haupt.ch.
Dort finden Sie aktuelle Informationen zu un-
seren Neuerscheinungen und können unseren
Newsletter abonnieren.

Haftungsausschluss:
Wir gehen davon aus, dass alle im Buch
beschriebenen Angaben und Empfehlungen
richtig sind, trotzdem können weder die Auto-
rinnen noch der Verlag irgendwelche Haftung
für Schäden übernehmen.